D1705042

Wentworth: Ruf nach Metlakatla

Elaine Wentworth

Ruf nach Metlakatla

engelbert

Aus dem Amerikanischen übersetzt von Marianne Pietsch
Schutzumschlag und Einbandvignette von Werner Brauer

ISBN 3 536 00365 6
1. Auflage 1973
Originaltitel: Mission to Metlakatla
(c) 1968 by Elaine Wentworth
Alle deutschsprachigen Buchrechte 1973 beim Engelbert-Verlag,
Gebr. Zimmermann GmbH, 5983 Balve/Sauerland, Widukindplatz 2
Nachdruck verboten — Printed in Germany
Satz, Druck und Einband:
Grafischer Betrieb Gebr. Zimmermann GmbH, Balve

I.

Eine stürmische Nacht im Dezember 1853. Die Lichter
der St.-Johns-Kirche in Beverley in England funkelten
durch die regenbeschlagenen Fenster und leuchteten ein-
ladend hinaus in die dunkle Straße. Heute fand der vier-
teljährliche Missionsgottesdienst statt. Aber nur wenige
Menschen hatten sich in die unfreundliche Nässe hinaus-
gewagt, um ihn zu besuchen.

Reverend Carr schüttelte traurig den Kopf über den
spärlichen Besuch. Er schlug dem Redner vor, seinen Vor-
trag auf einen günstigeren Zeitpunkt zu verschieben. Aber
der Missionar bestand auf seiner Predigt und meinte, die
Wenigen, die Wind und Regen in Kauf genommen hätten,
sollten nicht umsonst gekommen sein. Unter der kleinen
Zuhörerschar befand sich auch der damals einundzwanzig-
jährige William Duncan.

Der Wind hatte seine blonden Haare zerzaust, und
seine Kleider waren klatschnaß, aber das schien ihn nicht
zu kümmern. Mit gespannter Aufmerksamkeit folgte er
dem Redner, der um entschlossene, tatkräftige junge Männer warb, die sich auf dem Felde der äußeren Mission
betätigen wollten.

Als Duncan von der Versammlung nach Hause ging,
regnete es immer noch, aber er merkte es kaum. Er glühte
vor Erregung. Die Worte des Redners hatten ihn tief
getroffen. In der Nacht fand er keinen Schlaf, weil ihn
unablässig der Gedanke bedrängte: Ich war der einzige
junge Mann dort. — Heißt das: ich soll Missionar werden?
Als er gegen Morgen endlich doch einschlief, hatte er sich
entschlossen, die Herausforderung anzunehmen.

Seine Familie und seine Freunde waren zwar an besondere und ausgefallene Ideen von William gewöhnt, aber

dieser Entschluß stellte doch alles in den Schatten, was sie bisher von ihm gewöhnt waren. Sie drängten ihn, doch ja alles gründlich und vorsichtig zu bedenken, ehe er sich endgültig entschied. Aber wenn Duncan sich etwas in den Kopf gesetzt hatte, ließ er nicht wieder davon ab. So war es immer schon gewesen, und jeder wußte genau: Widerspruch bestärkte ihn nur in seinen einmal getroffenen Entscheidungen.

Bisher allerdings hatten sich solche Entscheidungen aber doch immer im wesentlichen im Rahmen des Üblichen gehalten, und sein Leben war nicht viel anders verlaufen als das anderer junger Leute.

Duncan war 1832 geboren. Damals waren der amerikanische und kanadische Westen noch unerschlossen und von feindlichen Indianern bedroht. Pfadfinder und Fallensteller hatten zwar schon Wege in die Wildnis gebrochen, aber nur wenige Wagenzüge hatten sich durch den Staub Oregons vorwärtsgekämpft. Über die Grenzziehung zwischen England und Amerika wurde auch noch gestritten. Solche Wildnisse gab es in England nicht, aber englische Jungen träumten vom Land der Indianer genau so wie ihre amerikanischen Kameraden. Williams Knabenspiele bestanden aus Kämpfen mit zwei mächtigen Feinden — mit den Indianern und mit dem Teufel. Einmal hatte er in seiner Tasche ein Geldstück gefunden, von dem er nicht wußte, wo es herkam. Er hielt das für Teufelswerk, denn er hatte die Erwachsenen davon sprechen hören, daß der Teufel versuche, Menschen zu kaufen. „ M i c h soll der Teufel nicht kaufen!" hatte er geschrien und das Geld weit hinein in ein Ährenfeld geschleudert. Sein ganzes Leben lang blieb William Duncan dabei, keinerlei Zugeständnisse gegen seine Überzeugung zu machen.

Von Anfang an spielte die Musik eine große Rolle für ihn. Im Knabenchor des Münsters von Beverley fiel seine wunderbare Stimme auf, so daß Menschen von weit her kamen, um ihn in den Solopartien singen zu hören. Später, während des Stimmbruchs, lernte er Akkordeon und Flöte spielen.

Mit fünfzehn Jahren hatte er seine Schulzeit mit guten Noten beendet und fand Beschäftigung in einer Gerberei, die zugleich eine Großhandlung für Häute war. Er mußte dort Briefe ins reine und Rechnungen ausschreiben. Aber das langweilte den aufgeschlossenen William bald. Er lernte die Buchhaltung und wurde auch rasch Buchhalter in seiner Firma. Noch vor seinem achtzehnten Geburtstag stieg er zum Leiter der Verkaufsabteilung auf.

Von Anfang an stand William auch in seinen Geschäften fest zu seinen religiösen Überzeugungen. Sein aufrechtes Geschäftsgebaren lag im Zug der Zeit, denn Englands industrieller und finanzieller Aufschwung beruhte weit mehr auf soliden Grundsätzen als auf schlauen Spekulationen. Trotzdem erschienen seine gewissenhaften Überlegungen seinen Vorgesetzten manchmal unbequem, aber es war nicht zu übersehen, daß sie den Ertrag steigerten. Darum ließen ihn die Firmeninhaber gewähren und seine eigenen Wege gehen. Das gefiel ihm, denn außer dem Gehorsam gegen Gott, gegen die Königin Viktoria und die Kirche von England war er nicht gewillt, irgendwelchen Befehlen zu gehorchen. Als William zwanzig Jahre alt war, begann sich sein reger Geist auch mit den Ereignissen außerhalb seiner Geschäfte und mit den neuen Möglichkeiten zu beschäftigen, die sich allenthalben und bis an die entferntesten Ecken der Welt boten. Indien, Afrika, Australien, Kanada, China — es schien keinen Fleck auf dem ganzen Erdball zu geben, auf dem die Engländer nicht ständig an Einfluß gewannen. Das konnte einen energischen jungen Mann schon in Unruhe versetzen, und es lag ganz im Rahmen von Williams

Überlegungen, daß er in jener regnerischen Nacht sich zu der Versammlung in der St.-Johns-Kirche aufgemacht hatte.

Als er seine Arbeitgeber von seinem Entschluß, Missionar werden zu wollen, in Kenntnis setzte, verschlug es ihnen zunächst die Sprache. Dann aber baten sie ihn inständig, sich die Angelegenheit doch noch einmal ernsthaft durch den Kopf gehen zu lassen. Sie konnten es nicht begreifen, daß ein junger Mann von diesen Fähigkeiten eine vielversprechende Laufbahn aufgeben und sie mit einem Leben vertauschen wollte, das so gar keinen materiellen Erfolg versprach. Der Inhaber einer anderen Firma, der hörte, daß Duncan gekündigt hatte, versuchte, ihn mit Versprechungen für sich zu gewinnen. Er bot ihm die Teilhaberschaft an. Aber das alles prallte an ihm ab, sein Entschluß war nicht zu erschüttern. Er hielt die halbjährige Kündigungsfrist korrekt ein, dann ließ er sich in das Highbury College aufnehmen, um an der dreijährigen Ausbildung als Laienmissionar der Kirche von England teilzunehmen.

Bei seinen Bibelstudien in Highbury stieß Duncan auf einen Ausspruch des Apostels Paulus, der ihn sehr bewegte. Er schrieb ihn mit Kunstschrift in sein Notizbuch, nicht ahnend, welchen tiefen Bezug diese Worte für sein ferneres Leben haben sollten:

„Ich vergesse, was dahinten ist, und strecke mich zu dem, was da vorne ist, und jage nach dem vorgesteckten Ziel."

II.

Im gleichen Jahr, in dem William Duncan sich entschlossen hatte, Missionar zu werden, dampfte auf der anderen Seite der Welt ein britisches Kriegsschiff durch den Pazifik. HMS „Virago" fuhr auf Alaska zu durch einen Irrgarten von Kanälen, die sich entlang der Küste durch den Ozean zogen, an beiden Seiten eingegrenzt durch steile Berghöhen, die unmittelbar aus der See emporstiegen. Zur Rechten erhob sich die Eiskette der Küstenberge, zur Linken erschwerten in sich überschneidenden Linien Hunderte von waldbestandenen Inseln die Durchfahrt. Es war die Aufgabe des Kriegsschiffes, dieses komplizierte Netz von Land und Wasser zu überwachen und die isolierten englischen Handelsniederlassungen gegen Indianerüberfälle zu schützen.

Als sich die „Virago" südlich der russisch-alaskischen Grenze befand, begannen die Maschinen zu bocken. Kapitän Prevost setzte Hilfssegel und steuerte geradewegs auf das zwölf Meilen südöstlich liegende Fort Simpson zu, um den Schaden reparieren zu lassen.

Diese nördlichste Niederlassung der Hudson's Bay Company war völlig von jeder Zivilisation abgeschnitten. Die hohen Mauern und Türme, die aus dem Nebel aufragten, erinnerten Prevost an mittelalterliche Burgen in Europa. Unter schwerem Geleitschutz wurde der Kapitän an Land gerudert und von der Landestelle ins Fort geleitet. Er mußte an Gruppen bemalter Indianer vorbei und ließ ein paar schnelle Blicke über die Gestalten streifen. Sie muteten ihn entsetzlich barbarisch an.

Die Schildwache öffnete das eisenbeschlagene Doppeltor gerade so weit, daß die Männer hineinschlüpfen konnten. Die scharfen Augen des Kapitäns nahmen die Einschläge der Kugeln wahr, die von angreifenden Indianern auf das Fort abgefeuert worden waren. Die hohen Wände aus Baumstämmen von drei Fuß Durchmesser, tief in den Boden gerammt und fest miteinander verbunden, bildeten den ersten Schutzwall. Innerhalb lief eine Galerie um den Wall, die Tag und Nacht von bewaffneten Wächtern umschritten wurde, die die Umgebung beobachteten. Die Türme an jeder Ecke des Forts waren mit Kanonen bestückt und ebenfalls mit Bewaffneten besetzt. Es war klar, Fort Simpson stand mitten in einer feindlichen Umgebung. In der Nähe des Forts lebten neun wilde, stolze Stämme der Tsimshian-Indianer. Sie wurden an der ganzen Küste von den Weißen wie von den anderen Indianern wegen ihrer Grausamkeit und Wildheit gefürchtet.

Während der Zeit, in der sein Schiff repariert wurde, hatte Prevost Gelegenheit, aus einer zurückliegenden Ecke des großen Lagerraumes diese furchteinflößenden Indianer zu beobachten. Die klugen Tsimshians hatten sich zu den anerkannten Zwischenhändlern im Pelzhandel entwickelt. Im Tausch gegen den begehrten Candlefisch, den sie in großen Mengen fingen, erhielten sie von den Inlandindianern Felle, die sie im Fort verkauften. Das war ihr Monopol, und niemals erlaubten sie den anderen Indianern, mit der Company direkt ins Geschäft zu treten. Nur die gescheiten Tsimshians brachten Biber-, Marder- und Nerzfelle aus dem Hinterland nach Fort Simpson. Außerdem tauschten sie die Felle von Robben, Tümmlern, Seelöwen und Seeottern, die sie selber jagten.

Wenn sich die Tsimshians mit ihrer kostbaren Last dem Lagertor näherten, öffnete der Posten nur einen so schmalen Schlitz, daß höchstens zwei oder drei von ihnen Einlaß fanden. Sie mußten in einem schmalen Durchgang bleiben, der zum großen Fenster des Warenlagers führte. Das wurde dann geöffnet, und sie tauschten ihre Felle in Waren um. Man achtete peinlich darauf, nicht zu viele Lebensmittel oder andere Tauschobjekte zu gleicher Zeit anzubieten, um ihre Begehrlichkeit nicht zu reizen.

Es wäre für Kapitän Prevost viel zu gefährlich gewesen, das Lager zu verlassen. Da ihn aber das Treiben der Indianer außerordentlich interessierte, nahm er oft die Gelegenheit wahr, auf dem Laufgang herumzugehen. Von dort aus hatte er einen guten Überblick. Die aus Zedernbalken bestehenden Häuser der Indianer begrenzten das Hafengebiet zu beiden Seiten des Forts. Ihre großen Kanus waren vor den Häusern auf den schmalen Streifen grobkörnigen Sandes hinaufgezogen. Es herrschte ein lebhaftes, geschäftiges Treiben. Die fleißigen, geschickten Tsimshians richteten Felle zu, räucherten Fische und Fleisch, setzten Boote instand, schnitzten und bemalten hölzerne Gegenstände. Alles machte den Eindruck eines eigentlich ganz friedlichen Lebens. Aber nachts füllten ihre seltsamen Gesänge und das Dröhnen der Trommeln ihrer Medizinmänner die Luft mit unheimlichen Lauten. Das schwache Büchsenlicht verstärkte den Eindruck des Gefährlichen, und Argwohn erwachte, die fremden Laute könnten unversehens feindliche Aktionen einleiten.

Auch der Kapitän wurde von dieser Stimmung angesteckt; dennoch fühlte er eine gewisse Sympathie, ja gelegentlich Mitleid mit diesen stolzen, wilden, abergläubischen Waldkindern. Am meisten kränkte ihn die unübersehbare Tatsache, daß die Weißen diese sogenannten Wilden seit Jahren schamlos ausbeuteten.

1778, vor 75 Jahren, waren Matrosen des Kapitäns Cook das erste Mal mit ihnen zusammengetroffen und hatten einen primitiven Handel mit ihnen begonnen. Sie hatten ihnen für ihre Otterfelle ein paar eiserne Gegenstände geboten. Als jedoch die Cooksche Expedition nach China kam, stellten die Matrosen fest, daß die glänzenden braunen Felle bei den Chinesen hoch im Kurs standen und sehr begehrt waren. Sie zahlten Riesensummen dafür. Das wurde rasch in England bekannt. Es dauerte gar nicht lange, da wurden Schiffe für die Fahrt in dieses neue Land ausgerüstet, das so kostbare Schätze barg. Für ein paar Fässer mit Eisensägen, primitive Messer, wertlose Glasperlen und — leider — auch Rum füllten die englischen Matrosen ihren Laderaum mit Seeotterpelzen, die in China ein Vermögen wert waren. In Windeseile verbreitete sich die Nachricht von dem einträglichen Geschäft bei den amerikanischen Matrosen, und sie schalteten sich in den lukrativen Handel ein. Sie segelten mit ihren Klippern von Boston aus an die Nordwestküste, handelten dort Felle ein, die sie in China in Tee, Gewürze und Seide umtauschten und zu Hause mit bedeutenden Gewinnen verkauften. Gelegentlich nahm dieser Dreieckshandel sagenhafte Formen an.

Die meisten dieser seefahrenden Händler hatten nicht die Absicht, diese Gegend je wieder aufzusuchen, denn der Anteil am Erlös einer einzigen erfolgreichen Reise genügte vollauf für ein sorgenfreies ferneres Leben. Deshalb war ihnen die Einstellung der Indianer zu ihnen auch völlig gleichgültig. Sie hatten keine Skrupel, sie schamlos zu betrügen, zu bestehlen, ja zu berauben, wenn sie anders nicht an die Felle kommen konnten. Es kam ihnen auch nicht in den Sinn, daß sie mit dieser Methode den Seeotter bald ausgerottet haben würden. Inzwischen jedenfalls war von dem ehemaligen Überfluß dieser kostbaren Tiere nur noch ein Bruchteil übrig.

Als die Seeotterfelle immer seltener wurden, verlegte man sich auf die Felle von Landtieren. Allerdings hatten dabei die Seefahrer bald Konkurrenten in den über Land ziehenden amerikanischen Händlern, die immer längere und zahlreichere Vorstöße durch Oregon an die pazifische

Nordwestküste unternahmen. Um diese unverantwortliche Pelzjagd zu unterbinden, baute schließlich die Hudson's Bay Company eine Kette von militärisch gesicherten Handelsniederlassungen auf, die endlich auch tief in die nördliche Wildnis vorgeschoben wurden. Der letzte Außenposten dieser Kette war Fort Simpson, nur zwölf Meilen von der russischen Alaskagrenze entfernt. In all diesen Jahren hatten die Weißen Riesenvermögen erworben, die Indianer dagegen die Zivilisationskrankheiten, die das Leben ihrer Völker und Stämme bedrohten, denn sie besaßen keine natürlichen Abwehrkräfte gegen diese fremden Krankheiten der Weißen. Tuberkulose und Blattern waren schon bis in die entferntesten Winkel vorgedrungen. Am wenigsten aber vermochten sie dem Alkohol zu widerstehen, und der Fusel, den sie für sich destillierten, war ihr schlimmster Feind, ein tödliches Gift für ihre einst so bewunderte Gesundheit.

Kapitän Prevost war nicht nur ein befähigter Seeoffizier, er war auch ein überzeugter Christ. Innerlich aufgerührt von dem, was er beobachtete und erfuhr, stellte er fest, daß die Indianer der geringste Teil der Schuld an dem derzeitigen Zustand traf und daß von denjenigen, die dafür verantwortlich waren, niemand einen Finger rührte, dieser sowohl moralischen als physischen Zerstörung eines Volkes Einhalt zu gebieten. Seiner Überzeugung nach war aber dazu ein fähiger Missionar weit besser in der Lage als Gewehre und Gewalt. Mit Geduld — und Liebe mußten diese Menschen für ein friedliches, glückliches Leben zu gewinnen sein. Er sprach kaum über seine Eindrücke, die er gewonnen hatte, wahrscheinlich wäre er kaum verstanden worden, aber sie verfolgten ihn unablässig. Längst hatte er Fort Simpson verlassen, aber sein Wunsch, helfen zu wollen, blieb lebendig und mächtig. Auch die Zeit konnte ihn nicht abschwächen.

III.

Drei Jahre vergingen, ehe Kapitän Prevost von seinem Auftrag im nordwestlichen Pazifik nach London zurückkehrte. Dann aber ließ er keine Zeit mehr verstreichen und berichtete an zuständiger Stelle bei der Kirche von England von der Not der Indianer und seiner Hoffnung auf Hilfe. Die Leiter der Missionsabteilung beeindruckte der Bericht, aber es gab keinen Fonds, um eine neue Außenstelle einzurichten. Sie schlugen dem Kapitän vor, einen Artikel für das Kirchenblatt zu schreiben und darin an die Spendenbereitschaft der Leser zu appellieren. Prevost war glücklich, eine Plattform zu finden, von der aus er seinen Appell anbringen konnte. Seine bewegte und beredte Darstellung fand rasches, reiches Echo. Bald waren 2.500 Pfund zusammengekommen. Mit diesem Kapital konnte man darangehen, eine Missionsstation zu gründen.

Die Sache der kirchlichen Beauftragten war es nun, den richtigen Mann zu finden, dem man einen so neuartigen und dabei gefährlichen Auftrag anvertrauen konnte. Immer wieder gingen sie ihre Listen der Anwärter für den Missionsdienst durch, ohne zu einem Entschluß zu kommen. Monate waren bereits vergangen, ohne daß man sich entschieden hatte. Prevost meldete, daß er wieder in seinen alten Aufgabenbereich an der nordpazifischen Küste zurückberufen worden sei und in vierzehn Tagen absegeln müsse. Er sei Kommandeur auf einem nagelneuen Kriegsschiff HMS „Satelitte" geworden. Aber wichtiger als diese Neuigkeit war die Nachricht, daß die Admiralität erlaubt hatte, einen Missionar bis Esquimalt auf Vancouver Island mitzunehmen.

Noch einmal prüfte die Gesellschaft ihre Bewerberlisten. Da fiel zum ersten Male der Name William Duncan — etwas zögernd freilich, denn er besaß ja keinerlei Erfahrung, ja, er hatte den dreijährigen Ausbildungskursus noch nicht einmal beendet. Man stimmte zwar darin überein, daß er von allen Kursusteilnehmern zu den größten Hoffnungen zählte. Er war auch schon dafür vorgesehen, einen Lehrauftrag in Indien zu übernehmen. William Duncan! Je mehr sie über ihn nachdachten, desto stärker wurde ihre Überzeugung, daß er die nötige Kraft und Ausdauer für eine so schwere Aufgabe habe. William Duncan — vielleicht wäre er wirklich der Geeignete. Aber würde er die Aufgabe übernehmen wollen? Williams blaue Augen glänzten auf, als man ihm den Vorschlag machte.

„Ich gehe dorthin, wohin man mich schickt", erwiderte er ohne Zögern.

In den nächsten Tagen entfaltete William eine atemberaubende Tätigkeit. In zwei Tagen hatte er alles geordnet und abgeschlossen, was mit seiner Ausbildung zusammenhing, hatte seine Habseligkeiten, einschließlich des Akkordeons, zusammengepackt und die Verbindungen seines jungen Lebens noch einmal festgeknüpft. Danach ging er in eine Eisenhandlung und kaufte eine Fülle höchst merkwürdiger Dinge, u. a. Schaufel, Axt, Säge, Rechen, außerdem Werkzeug zum Holzschnitzen und zum Schmieden. Als er auch diese Dinge alle verpackt und verstaut hatte, zählte er achtundzwanzig umfängliche Gepäckstücke. Das Wochenende verbrachte er in Beverley, um von seiner Mutter und seinen Freunden Abschied zu nehmen. Montag früh fuhr er mit dem Eilzug nach London, um letzte Anweisungen entgegenzunehmen. Am Dienstagmorgen ging William Duncan an Bord von HMS „Satelitte".

IV.

Nach sechs langen Monaten auf dem Meer warf die „Satelitte" am 13. 6. 1857 Anker im Hafen von Esquimalt. Duncan wurde in dem Kapitänsgig an Land gerudert, aber niemand nahm ihn dort in Empfang, als er das erste Mal seinen Fuß auf Vancouver Island setzte, keine Seele begrüßte ihn. Sein umfängliches Gepäck stellte er bei der britischen Marine unter und begab sich mutterseelenallein nach dem drei Meilen entfernten Fort Victoria. Alle paar Schritte mußte er stehenbleiben und in die riesenhohen Bäume schauen. Große Hartriegelbüsche erschienen geradezu wie Miniaturpflanzen neben den Mammutbäumen, die bis zu 150 Fuß hoch waren.

Victoria war damals nur ein winziger Flecken, in dem etwa zweihundert Menschen wohnten, in Hütten, die sich rund um das Fort duckten. Jenseits lagen die Dörfer der Nootka-Indianer.

Wildrosenbüsche säumten den Pfad, den Duncan entlangwanderte, und Pflanzen der englischen Heimat, wie Geißblatt und Spirea, denen das milde feuchte Klima behagte, hatten sich hier angesiedelt. Duncan dachte, er habe niemals — in ganz England nicht — eine ähnliche Luft geatmet. Eben war ein Regenschauer vorübergerauscht und die Luft erfüllt von einem herbfrischen Duft. Getreidefelder und Gemüsebeete standen in üppigem Wuchs, Früchte und Blumen leuchteten aus dem frischen Grün, alles gedieh prächtig in dem feuchten, kalten Boden. In den Obstgärten fielen die Pfirsiche und die Äpfel auf Steine, die das Eis blankpoliert hatte.

Das Fort, eine Ansammlung von Blockhäusern, umgeben von einem hohen hölzernen Palisadenzaun, war der Mittelpunkt des Lebens und Treibens in dem kleinen

Dorf. Hier befand sich auch das Hauptquartier der Hudson's Bay Company für das nordwestliche Territorium.

Im Fort endlich wurde Duncan von jemandem begrüßt — von Sir James Douglas. Er war zugleich Direktor der Handelsniederlassung und Gouverneur der Kronkolonie Vancouver Island. Der über einen Meter achtzig große Sir James überragte den auch nicht kleinen Duncan um Haupteslänge und glich in seiner aufrechten, straffen Haltung den großen Bäumen, die Duncan auf seinem Weg bewundert hatte. Sein längliches Gesicht mit den großzügigen Linien und der hohen Stirn verriet durchdringenden Verstand.

Für die Weiterreise nach Norden war eine besondere Erlaubnis nötig, die nur der Gouverneur des Forts erteilen konnte. Aber Sir Douglas hatte schlechte Nachrichten für Duncan. Er wollte ihm nicht erlauben, für die letzten sechshundert Meilen seiner Reise einen Dampfer der Company zu benutzen. Er war der Meinung, die Entsendung eines Missionars ohne vorherige Fühlungnahme mit der Handelsgesellschaft sei ein schwerer Fehler der Missionsabteilung gewesen.

„Sie nach Fort Simpson reisen zu lassen, hieße, Sie in den sicheren Tod zu senden. Die Company kann die Verantwortung für Ihre Sicherheit nicht übernehmen. Sie wünscht nicht, Sie Ihren Mördern geradewegs auszuliefern. Warum wollen Sie nicht hierbleiben? Wir haben auch hier Indianer, Tausende; sie sind nicht ganz so wild wie die Tsimshians, aber einen Missionar könnten sie sehr gut gebrauchen."

Die Weigerung erschreckte Duncan tief, und der Vorschlag des Gouverneurs war keine Lösung.

„Das Peinliche ist, Sir Douglas, daß ich für Fort Simpson bestimmt bin. Wenn ich dort nicht hingelangen kann, muß ich wieder nach England zurück."

„Mein lieber junger Mann, ich kenne die Situation dort. Ich gebe Ihnen eine Überlebenschance von höchstens drei Monaten. Diese Indianer sind die wildesten an der ganzen Küste."

„Bitte, Sir Douglas, geben Sie mir die Erlaubnis, nach Fort Simpson zu reisen und dort zu bleiben, bis ich die Sprache dieser Indianer gelernt habe. Ich gebe Ihnen mein Ehrenwort, daß ich das Fort nicht verlassen werde, bis ich mich mit den Indianern in ihrer Sprache verständigen kann. Dann erst werde ich mich hinauswagen und dann auch für mich selber sorgen. Die Company hat keine Verantwortung für meine Sicherheit."

Aber der Gouverneur wollte auch darauf nicht eingehen. Duncan war bitter enttäuscht. Es würde eine Ewigkeit dauern, bis er mit neuen Aufträgen von London würde zurückkehren können. Er sah auch keine Möglichkeit, mit Kapitän Prevost in Verbindung zu treten, der bereits nach San Juan Island weitergesegelt war, um dort den Grenzkonflikt zwischen England und den Vereinigten Staaten beilegen zu helfen. Sich auf einem Dampfer als blinder Passagier einzuschmuggeln, kam auch nicht in Frage, denn die Dampfer fuhren nur jedes Jahr zweimal nach Norden, einmal im Frühling und einmal im Herbst, und sie waren bereits auf ihrer Frühjahrsfahrt. Ganz abgesehen davon, daß er mit der Company keine Händel heraufbeschwören durfte. Es blieb ihm nichts anderes übrig, als sich in seinen erzwungenen Aufenthalt in Victoria zu schicken. Reverend Cridge und seine Frau, die vor ein paar Jahren aus England gekommen waren, luden ihn freundlichst ein, bei ihnen zu bleiben. Cridge war erst vor kurzem Pastor an der kleinen Dorfkirche geworden, vorher war er als Kaplan im Fort tätig gewesen. Duncan versuchte, das Beste aus seiner Lage zu machen, und half dem Pastor, wo und wie er konnte. Obwohl Duncan kein ordinierter Geistlicher war, übertrug ihm Cridge die Leitung der Zusammenkünfte am Sonntagnachmittag in einer kleinen Siedlung außerhalb von Victoria. Außerdem dirigierte er einen Mädchenchor.

Man hatte ihn überall gern, und er gewann bald Freunde. Mit Hilfe eines Indianers trieb er Sprachstudien. Er begann Chinook zu lernen, einen Umgangsjargon, der an der Küste zwischen Weißen und Indianern gesprochen wurde.

Trotzdem war es eine schwere Zeit für Duncan. Er lechzte nach Taten und fand die Wartezeit schwer erträglich. Außerdem wurde er von eigenen inneren Schwierigkeiten geplagt. Der Vorschlag des Gouverneurs, bei den Indianern von Victoria zu arbeiten, war sicher vernünftig — vielleicht konnte er hier sogar mehr erreichen.

Ist es nicht schließlich die Aufgabe eines Missionars, Gottes Auftrag zu erfüllen, ganz gleich, an welchem Ort? fragte er sich. Eines war wohl klar: Seinen eigenen unternehmungsfreudigen Geist zu befriedigen, war ganz bestimmt nicht der Zweck seines Daseins, jedenfalls nicht seines Daseins, zu dem er sich entschlossen hatte.

Zum Herbstbeginn wurde einer der Companydampfer, die „Otter", wieder für die Reise nach Norden mit Gütern beladen. Wieder bat Duncan den Gouverneur um die Erlaubnis, weiterreisen zu dürfen. Inzwischen hatte ihn der Gouverneur recht gut kennengelernt. Er bewunderte Duncans Entschlossenheit, seinen gefährlichen Auftrag wahrzunehmen, und gab nach.

„Nun gut, junger Mann, Sie sind anscheinend fest entschlossen, sich töten und aufessen zu lassen. Man kann Sie wohl kaum daran hindern. Also gehen Sie. Aber eines müssen Sie mir versprechen: Sie dürfen den Indianern niemals erlauben, das Fort zu betreten, um dort eine religiöse Versammlung abzuhalten."

Duncan versprach, was man von ihm forderte, verabschiedete sich dankbar von Sir Douglas und machte dann die Runde zum Abschiednehmen bei seinen Freunden im Dorf. Das idyllische Dörfchen, das er verließ, sollte er nie mehr wiedersehen, obwohl ihn sein Weg noch manches Mal nach Victoria führte.

Ein Jahr nach seiner Abreise fand man Gold am River Fraser, und der Charakter und das Aussehen von Victoria änderten sich fast über Nacht. Tausende kamen herbeigeströmt und suchten um die Erlaubnis nach, den Fraser bereisen zu dürfen und sich für die Arbeit in den Goldfeldern auszurüsten. Andere folgten den Tausenden, um deren Wünsche zu befriedigen. Selbst die eingesessenen britischen Siedler, die sowieso ohne Anstrengung, langsam, aber ständig an dieser Entwicklung profitierten, wurden vom Goldfieber gepackt.

Am 25. September dampfte die „Otter" aus dem Hafen von Esquimalt nach Norden in den Golf von Georgia, um von dort die Fünf-Tage-Reise an der Küste entlang nach Alaska anzutreten. Das Vorderdeck der „Otter" wurde Duncans Lieblingsplatz auf der Fahrt. Es war höchst eigenartig: Nach kurzer Zeit schon schien der Dampfer die Küste anlaufen zu wollen. Als das Vorschiff schon fast die Felsen zu berühren schien, öffnete sich jedoch rechts eine schmale Einfahrt, das Steuerruder schwang hart nach Steuerbord, und die „Otter" schlüpfte zwischen den Bergwällen, die sich vor der Küste erhoben, hindurch. Kaum hatte die „Otter" dieses Manöver beendet, schwang sie nach Backbord und erreichte einen anderen Durchlaß. Der Blick, der sich ihm bei jeder neuen Drehung bot, unterschied sich so völlig von dem letzten, daß sich Duncan kaum zum Schlafen und Essen von seinem Ausguck trennen konnte.

Er atmete tief den würzigen Duft der Bäume ein, die

24

die Küstenlinie säumten. Es waren große Gruppen von Douglas- und Schierlingstannen und Zedern. In den engsten Kanälen glitt der Dampfer so nahe zwischen den Ufern dahin, daß Duncan die Zapfen in den Kronen hängen sah. Schwarzglänzende Raben krächzten aus den Kronen der Bäume. Ihre heiseren Schreie mischten sich mit dem Lärm, den die Seeschwalben vollführten, die die „Otter" begleiteten.

Von der Höhe eines schneebedeckten Felsens stürzte ein Wasserfall in sprühendem Zickzack den Berg hinunter, bis er schließlich den glatten Spiegel der Wasseroberfläche zerbrach. Duncan wünschte sich, mehr Augen als zwei zu haben, um all die Schönheiten dieser geheimnisvollen, unberührten Natur in sich aufnehmen zu können. Das einsame Nordland hatte zu ihm gesprochen, und er wußte, daß er es immer lieben würde.

Beim Anblick des herrlichen, sonnendurchfluteten Landes schienen ihm die haarsträubenden Geschichten, die er in Victoria gehört hatte, völlig unglaubhaft — Elche und Bären seien durchaus nicht die wildesten Lebewesen, die diese weiten Wälder durchstreiften. Aber lange hielt der Zauber dieser friedlichen Atmosphäre nicht an. Die „Otter" tauchte in eine weiße Nebelwand ein, die Sonne verblich hinter einem silbernen Schleier und verschwand dann ganz, während der weiße Gischt hinter der Heckwelle sich mit dem Nebel vereinigte. Es war nichts mehr zu sehen außer den ewig quäkenden Möwen, die ihre Sturzflüge über der „Otter" vollführten. Für den Rest der Reise war das Vorderschiff kaum noch von der Hauptkajüte aus sichtbar. Tag und Nacht stieß das Nebelhorn seinen klagenden Ruf aus. Die vorbeigleitenden Inseln und Landzungen erschienen in geisterhaften Umrissen. Das rasche Echo des Nebelhorns zeigte an, daß das Land sehr nahe war. Als sie sich ihrem Bestimmungsort näher-

ten, erkannte man durch ein paar Nebellöcher hier und
da Lichtungen im Wald, gekrönt von den hoch und feierlich aufragenden Totempfählen.

V.

Duncan hatte sich im Fort Simpson kaum in seinem
kleinen Raum eingerichtet, als er merkte, daß sich die
Aufregung über seine Ankunft innerhalb wie außerhalb
der Garnison rasch steigerte. Innerhalb des Forts waren
etwa zwanzig Menschen beschäftigt, während außerhalb
die neun Stämme der Tsimshian an die dreitausend Mitglieder zählten, und es schien fast so, als ob sie sich alle
unten an der Bucht versammeln wollten. Als die Menge
draußen immer größer wurde, verdoppelte man die
Wachposten; darum hatte keiner Zeit, sich um den Neu-
ankömmling zu kümmern. Alle waren vollauf damit beschäftigt, die Menschenansammlung im Auge zu halten.
Duncan hielt es auch nicht in seinen vier Wänden, und
er begab sich auf den Wehrgang.

„Was wird denn passieren? Was haben sie denn vor?"
fragte er einen Wachposten.

„Sieht so aus, als plane Chef Neyastodah ein
,Potlatch'."

„Potlatch?" fragte Duncan.

„Wahrscheinlich hat Neyastodah ein gutes Geschäft gemacht. Um seinen neuen Reichtum zu beweisen, wird er
alles verschenken, was er besitzt, alle seine Schätze und
die seines Stammes dazu. Das erhöht seine Macht und
sein Ansehen bei den Stämmen. Diese Schenkerei wird
mit großem Pomp vollzogen. Je größer die Schau und je

mehr Gaben verteilt werden, desto größer sind Ruhm und Ehre. Das ist ein Potlatch — ein Verschenkfest."

Ein solches Fest brauchte wochenlange Vorbereitungen. Die Stammesangehörigen brachten zunächst ihrem Häuptling alles, was sie besaßen — Kanus, Gewehre, Decken, Pelze, tatsächlich alles —, damit er es am Tage des Festes verschenken konnte. Am Vortage des Festes wurden die Gaben zur Küste gebracht und zur Schau gestellt. Hunderte von Metern Baumwollstoff waren ausgerollt und prangten an der Küste entlang. Wunderbar geschnitzte und bemalte Holzmasken standen aufgereiht, damit jedermann sie bewundern konnte. In langen Reihen paradierten Träger mit Chilkatdecken, Kupferschilden und Pelzen, die an langen Stangen hochgehalten wurden, auf und ab. Nachdem auf diese Weise jeder die Gaben gesehen hatte, wurden sie im Triumph in das Haus des Häuptlings getragen. Ihm gehörte jetzt alles. Seine Leute hatten ihren eigenen wertvollen Besitz abgegeben, um das Ansehen ihres Stammes zu steigern, das desto größer war, je mehr der Häuptling zu verschenken hatte.

Am großen Tage des Potlatchs versammelte sich die Menge, um die Häuptlinge der acht anderen Stämme zu erwarten. Heftiger Wind peitschte die graue Wasserfläche zu zackigen Schaumkronen. Außerhalb des Hafens klatschten die Wogen an die Felsen.

„Shimauget! Shimauget!" schrien die Indianer, als man das erste Kanu um die Landzunge biegen sah. Dann fluteten die prächtigsten Kanus in den Hafen. Von ihrem vorspringenden Bug sprühte der Gischt. Die Boote bestanden aus einem einzigen riesigen ausgehöhlten Baumstamm. Jedes Kanu war 50 Fuß lang. Sie wurden von Sklaven gerudert. Als sie näher an die Küste herankamen, konnte Duncan erkennen, wie schön — wenn auch fremdartig — sie geschnitzt und verziert waren.

Schnell und geschickt wurden die schweren Boote mit einem gewaltigen Gekratze und Geschleife auf den Strand gezogen.

Die Häuptlinge standen in der Regel im Stern, angetan mit ihrer vollen zeremoniellen Kleidung. Aus dem größten und am großartigsten verzierten Boot schritt Häuptling Legaic, der Ranghöchste, der Oberhäuptling aller neun Stämme. Er trug einen geschnitzten hölzernen Kopfschmuck, gekrönt von einem Raben, seinem Totemtier. Einzelheiten des geschnitzten Musters waren mit roter, schwarzer oder blaugrüner Farbe herausgehoben und mit Perlmutter der Abelonenmuschel eingelegt. Dieser Kopfputz war mit Hermelinfellen drapiert, die wie ein Mantel über die Schultern des Häuptlings fielen. Federn, Muscheln, polierte Knochen und Stickereien mit Stachelschweinsborsten schmückten seine Kleidung, und während er sich gemessenen Schrittes an Land begab, klapperten an den Fransen seines wehenden Schurzes die Schnäbel von Seepapageien.

Nach der Ankunft von Häuptling Legaic begaben sich die Gäste in das Haus des Gastgebers Neyastodah, um zu tanzen, zu feiern und die Gaben in Empfang zu nehmen. Innerhalb des Hauses saßen die Häuptlinge in der Rangfolge ihrer Bedeutung, denn die Tsimshian waren auf strengste Regeln, was Stellung, Rang und Ansehen betraf, bedacht. Auch die Geschenke mußten in bestimmter Reihenfolge und nach ihrem Wert verteilt werden. Neyastodah zog immer wieder ein Bündel Gedächtnisstäbe zu Rate. Ein Herold kündigte jede Gabe an, um sie dann dem Empfänger mit großem Pomp zu übergeben. Mit jeder Gabe wurde der Häuptling zwar ärmer, aber das kümmerte ihn nicht, denn er hatte ein Potlatch ausgerichtet, das viele Monate lang Gesprächsstoff abgeben würde. Außerdem wußte er genau, daß er eines Tages die Dinge mit Gewinn zurückbekam — beim nächsten Potlatch nämlich, das einer seiner Gäste veranstalten mußte.

Er merkte sich genau, was er weggegeben hatte.

Das war die Art, wie die Tsimshian ihr Bank- und Versicherungswesen betrieben.

Sehen konnten die Menschen im Fort natürlich nicht, was bei dem Potlatch vor sich ging, aber als das Feiern und Tanzen begann, konnten sie es mühelos hören. Das wilde Hämmern, das Rasseln und das Dröhnen dauerte stundenlang. Die Tänzer in ihren phantastischen Kostümen, mit beweglichen Masken vor dem Gesicht, tanzten alte Legenden.

„Hört euch nur diesen Heidenlärm an", rief einer der Offiziere. „Lange wird es nicht mehr dauern, und dieses mörderische Tauschgeschäft endet damit, daß wieder einer dran glauben muß. Es braucht sich nur jemand durch ein ungeschicktes Wort in seiner Ehre gekränkt zu fühlen, schon wird blutig Rache genommen. Ich habe noch kein Potlatch erlebt, das nicht mit einem Mord geendet hätte."

„Stimmt", sagte ein anderer Offizier. „Diese Teufelstänzer erzeugen eine Massenhysterie, und die Medizinmänner mit ihrem teuflischen Geklapper bringen sie völlig um den Verstand, bis sie sich alle in einen heulenden Wahnsinn hineingesteigert haben."

Wie vorausgesagt, trieb das Potlatch seinem irrsinnigen Höhepunkt zu. Ein entsetzlicher Schrei ertönte, der das Blut schier zum Erstarren brachte. Es stellte sich heraus, daß ein Sklave umgebracht worden war, wahrscheinlich, um einem Gasthäuptling Genugtuung zu verschaffen, der sich beleidigt gefühlt hatte. Der armselige Körper wurde in die dunkle Bucht gezerrt. Alle Gäste folgten, um das sich anschließende grausige Geschehen beobachten zu können.

Zwei Medizinmänner erschienen und begannen, durch

die Menge zu tanzen und zu springen, ihre ausgemergelten Körper steckten in Wolfspelzen, deren Köpfe den Helm bildeten. Die Zauberzeichen, mit denen sie behängt waren — Adlerklauen, aufgeblasene Schwimmblasen von Fischen, geschnitzte Zähne und Knochen —, rasselten und klapperten, und die Männer heulten und gestikulierten, bis sich die Mitglieder des Cannibal-Clubs um den Toten versammelt hatten. Mit immer lauter anschwellendem Geheule zerrten die Clubmitglieder den Körper beiseite, und es sah so aus, als fielen sie wie Tiere über ihn her, um ihn aufzuessen. In der Dunkelheit war das alles nur schemenhaft wahrzunehmen, dadurch wirkte es noch grauenvoller. In dieser Nacht glaubte Duncan wirklich, die Tsimshian seien Menschenfresser.

Blutbefleckt tanzten die erregten „Cannibals" im Schein des Feuers und erfüllten die Herzen ihrer eigenen Stammesbrüder mit Entsetzen. Sie erinnerten Duncan in ihrer Wildheit an reißende Wölfe. Nun hatte er mit eigenen Augen gesehen, wovor ihn der Gouverneur so eindringlich gewarnt hatte.

Nun merkte er, wie unangebracht und leichtfertig sein jugendlicher Optimismus gewesen war. Wenn ihn Gott nicht bei jedem Schritt auf seinem Wege beistand, dann war es aus mit ihm, ehe er auch nur den ersten Versuch mit seiner Mission gemacht hatte. Die Tsimshian steckten noch so tief in ihren mythischen Vorstellungen und waren außerdem erfüllt von so leidenschaftlichem Stolz, daß die leiseste Verletzung dieses Stolzes bereits nach blutiger Rache schrie. Wenn er diesen Panzer um ihre Herzen lösen wollte, dann mußte er freilich mehr tun als predigen. Das war keine Sache der Schnelligkeit, vielleicht würde nicht einmal sein Leben ausreichen. Während er auf der Galerie stand, bat er Gott inständig um die Kraft, die Geduld, die Weisheit und die Liebe, die er für sein

Vorhaben brauchte. Aber noch während er betete, begann sein praktischer Verstand zu arbeiten und einen Plan zu entwerfen. Es dauerte keine allzu lange Zeit, da wußte er wenigstens, wie er sein Werk beginnen mußte.

VI.

Ehe er überhaupt an etwas anderes denken konnte, mußte Duncan die Sprache der Tsimshian lernen. Bisher gab es keinen Weißen, der sie beherrschte. Indianer und weiße Händler benutzten eine einfache Folge von Worten und Zeichen, die man Chinook nannte. Diesen Jargon hatte er ja bereits in Victoria angefangen zu lernen. Aber dieses Verständigungsmittel mochte ausreichen zum Kaufen und Verkaufen, für Duncans Vorhaben war es gänzlich ungeeignet. Wörtliche Übersetzungen in Chinook waren oft mißverständlich und lächerlich. Zum Beispiel: „Kinder des Waldes", wie man die Indianer manchmal ganz wohlwollend nannte, hörte sich etwa so an: „Kleine Menschen zwischen vielen Stöcken." Bereits eine zweifelhafte Anrede, die dem Rang des Angesprochenen nicht entsprach, konnte einen das Leben kosten. Duncan erkannte: Er dürfte erst dann mit ihnen in Verbindung treten, wenn er ihre Sprache richtig beherrschte.

Das Tsimshian war eine komplizierte Sprache, ebenso wohlklingend wie reich an bildhaften, ausdrucksvollen Redewendungen. Trotz ihrer Wildheit waren die Tsimshian hochintelligent und standen geistig weit über den Nomadenstämmen der Ebenen. Möglich, daß diese entwickelte Intelligenz auch mit ihrer Lebensweise zusammenhing. Sie waren keine Nomaden, hatten es auch nie nötig gehabt. Wald und Meer schenkten ihnen reichlich Fisch, Wild und Holz. Sie brauchten sich nicht sehr zu plagen, und darum blieb ihnen Zeit und Muße, ihre Talente und Fähigkeiten auszubilden. Ihre Hauptarbeit bestand im sommerlichen Fischfang und seiner Zubereitung als Wintervorrat. War er vorüber und später auch das Beerensammeln und -trocknen, dann war die meiste Arbeit getan, auf die Jagd ging man nach Bedarf. Diese Stämme hatten also Zeit, auch nachzudenken, und so war es kein Wunder, daß sich im Laufe der Jahrhunderte eine recht anspruchsvolle Weltanschauung gebildet und eine Kultur entwickelt hatte, in der Menschen, Tiere, Tatsachen und Vorstellungen in- und miteinander verflochten und verwoben waren. Diese sozialen und religiösen Vorstellungen wurden durch ihre Tanzzeremonien vollendet ausgedrückt, ebenso durch ihre Mythen und Legenden, am ausdrucksvollsten durch ihre stilisierten feinen Holzschnitzereien.

Ihre Sprache gründlich zu erlernen, war ein äußerst schwieriges Unterfangen — ohne Schrift, ohne Grammatik, ohne Wörterbuch und außerdem noch in denkbar kürzester Zeit! Er hatte dem Gouverneur versprochen, das Fort nicht eher zu verlassen, als bis er sich mit den Indianern in ihrer Sprache verständigen konnte. Das Versprechen mußte er halten. Er mußte einen Lehrer finden. Aber woher einen nehmen? Ein Weißer konnte ihm nicht helfen Er brauchte einen indianischen Sprachlehrer.

Er wandte sich um Hilfe an den Hauptmann des Forts, und dieser fand auch schließlich einen jungen Lijaket vom Stamme des Häuptlings Legaic. Er war schon häufig im Fort gewesen, um Pelze gegen Eisenblätter und Schnitzwerkzeug einzutauschen. Lijaket bedeutet ein Indianer von hoher Geburt, der mit seiner Geburt das Recht erbt, Ratgeber des Häuptlings zu werden.

Dieser junge Adlige hieß Clah und war ebenso alt wie Duncan. Im Fort wurde er allgemein geschätzt wegen seiner ruhigen, zurückhaltenden Art und seiner raschen Auffassungsgabe. Er hatte sich schon manchmal im Fort als Dolmetscher betätigt, da er das Chinook beherrschte. Als Adliger war er Herr über seine Zeit und benutzte sie am liebsten, um zu schnitzen und zu malen. Er schnitzte Hauspfosten, die er dann auch bemalte, Kanus, Gerätschaften für Festessen, überhaupt alles, was die Tsimshians verziert haben wollten.

Clah war einverstanden damit, jeden Tag ins Fort zu kommen. Duncan fertigte zunächst eine Liste mit fünfhundert der gebräuchlichsten und vielseitig verwendbaren Wörter an. Diese Worte wollte er zuerst in Tsimshian lernen und sie sich phonetisch aufschreiben, so wie er sie von Clah hörte. Das Chinook bildete zunächst die Verständigungsbrücke zwischen den beiden jungen Leuten. Führte das nicht zum Ziele, benutzten sie Zeichen und Gesten oder deuteten auf Gegenstände. Zuerst war das nicht schwierig, zuerst waren die Gegenstände, die man bezeichnen wollte, zur Hand oder nicht weit entfernt. Zum Beispiel: „Haus", „Mann", „Nase", „Auge", „Tisch" oder „Stuhl". Aber als man zu den Worten kam, die nichts Gegenständliches oder Sichtbares bezeichneten, brauchte man viel Einfallsreichtum und Phantasie.

Duncan wollte das Tsimshian-Wort für „versuchen" lernen. Er nahm eine Tafel, schrieb in großen Buchstaben das Wort „CLAH" darauf und zeigte dem Indianer das Geschriebene. Dann löschte er die Schrift, drückte Clah den Griffel in die Hand und zeigte auf die Tafel. „Versuchen! Versuchen!" sagte Duncan und unterstützte seine Worte durch Handbewegungen. Clah schüttelte wieder den Kopf. Da nahm Duncan Clahs Hand und führte sie so, daß das Wort „CLAH" entstand. Dann sprach Duncan das

Wort und zeigte darauf, dann auf die darunter befindliche leere Fläche und gab Clah den Griffel wieder in die Hand und wiederholte: „Versuchen! Versuchen!" Plötzlich blitzte Verständnis in Clahs dunklen Augen auf. Er nahm den Griffel in die Hand und sagte: „Tumpaldo! Tumpaldo!" Um aber sicherzugehen, machte Duncan einen zweiten Versuch. Er lief zur Feuerstelle, zerrte einen schweren Holzklotz heraus und tat so, als wolle er ihn aufheben, könne es aber nicht, und sagte dabei: „Tumpaldo! Tumpaldo!" Diese Geste wiederholte er ein paarmal. Da nickte Clah und sagte: „Ah! Ah!", was im Tsimshian „Ja! Ja!" bedeutet.

Manchmal freilich dauerte es Stunden, bis Duncan den indianischen Ausdruck für das englische Wort erfuhr. Aber langsam wuchs sein Vokabelschatz. Daß auf diese Weise der kluge Clah auch Englisch lernte, hatte er freilich nicht vorausgesehen. Später erzählte Clah: „Ja, Mr. Duncan lehrte mich Englisch und ich ihn die Sprache der Tsimshians." Das bedeutete eine große Hilfe für Duncan, besonders, als er von den einzelnen Worten zu Sätzen überging. Tage, Wochen vergingen. Schließlich waren zwei Monate vorbei, und Duncan und Clah lernten immer noch voneinander. Der Nieselregen des Herbstes ging in die nassen Stürme des Winters über. Im Januar beherrschte Duncan 1 200 einfache Sätze auf tsimshian.

Unaufhörlich rauschte der Regen, und die Stürme brausten um das Fort. In dieser Zeit geschah etwas, woran Duncan nicht einmal zu denken gewagt hatte: Clah war sein Freund geworden. Clah hatte gespürt: Dieser Mensch lernte die Sprache nicht aus Neugier, er rang um das Verständnis der indianischen Denkweise, er war von einer Kraft beseelt, deren Herkunft sich Clah natürlich nicht erklären konnte, und war entschlossen, diese Kraft zum Wohle der Indianer einzusetzen. Er war überzeugt, daß

Duncan wirklich gekommen war, um seinem Volk gute Botschaft zu bringen, und er bereitete seine Stammesgenossen eifrig darauf vor. Immer wieder erklärte er seinem Vater und seinen Freunden, daß dieser junge Weiße nicht handeln und tauschen, nicht Frauen kaufen oder mit Whisky hausieren wollte, sondern kam, um ihnen eine Botschaft von dem Gott der Weißen zu bringen. Außerdem aber wollte er sie auch das lehren, was die Weißen besser konnten als die Indianer.

Bisher hatte sich noch kein weißer Mann die Mühe gemacht, sich um die indianischen Angelegenheiten zu kümmern, daher war Duncans Vorhaben für sie schwer zu begreifen. Aber wenigstens war ihre Neugier erwacht. Besonders interessiert horchten die Häuptlinge und die weisen Männer des Stammes auf, die, wie Clah wußte, sich schwere Sorgen um die Zukunft ihres Volkes machten. Wie oft hatte er am Lagerfeuer von dieser quälenden Angst sprechen hören! Die wachsende Zahl der Weißen in ihrem Land drohte ihre eigenen Lebensbedingungen zu zerstören. Sie mochten primitiv sein, aber sie hatten sehr genaue Vorstellungen von einem ehrenwerten Leben und den Verantwortlichkeiten, die jedem aufgetragen waren. In langen Winternächten hatte Clah mit seinem Vater und den männlichen Verwandten am Feuer gesessen und war in die Rolle eingewiesen worden, die seinem ererbten Rang entsprach. Ihm war gelehrt worden, tapfer und fleißig zu sein. Faulheit galt als verabscheuungswürdig, selbst bei Hochgestellten. Mit anderen Kindern hatte er aufmerksam den alten Legenden gelauscht und seine Lektionen aus ihnen gelernt. Sie hatten gehört, auf welche Weise der Rabe den Menschen Sonne, Mond und Sterne verschafft hatte und daß man ihn um dieser Wohltat willen verehren mußte. In unendlich vielen faszinierenden Erzählungen entstand die Geschichte ihres Volkes und

die Art zu leben und prägte sich tief in ihre aufnahme-
bereiten Herzen ein.

Aber der Einfluß des weißen Mannes begann die mysti-
sche und die moralische Kraft der uralten Legenden zu
untergraben. Als die Indianer versuchten, die Lebensweise der Weißen nachzuahmen, begannen ihre eigenen
sozialen Vorstellungen zu verblassen, und nichts ent-
sprechend Sinnvolles trat an ihre Stelle. Sogar ihre Gesundheit geriet in Gefahr. Eiserne Sägeblätter und scharf
geschliffene praktische Werkzeuge waren zwar gut, aber
gewiß die Verwüstung nicht wert, die der weiße Mann
mit seinen Krankheiten anrichtete. Die Häuptlinge wußten
wohl, daß sie aus eigener Kraft diese tragische Entwicklung nicht aufhalten konnten. Bereits ihre Enkel würden
kaum noch eine dunkle Ahnung ihrer früheren Lebensform haben.

Nun kam Clah und erzählte ihnen von dem seltsamen
Weißen, der den Indianern helfen wollte, ihre Probleme
zu lösen. Immer öfter fragten sie, wann er denn nun endlich käme, um zu ihnen zu sprechen. Aber Duncan war
noch nicht soweit. Er war eifrig dabei, seine Art zu reden
der bildhaften Ausdrucksweise der Indianer anzupassen,
weil er der Meinung war, so am besten verständlich zu
sein. Bis in die späte Nacht hinein flackerte die Lampe
über seiner Schreiberei, immer wieder ersetzte er einen
Ausdruck durch einen anderen, besser klingenden oder
anschaulicheren, immer wieder strich er aus, fügte hinzu,
sprach vor sich hin und lauschte dem Klang und fragte
sich, ob er wohl die Indianer mit seinen Worten erreichen
würde.

Seine einzige Zerstreuung in diesen einsamen Monaten
waren seine Wanderungen auf dem Wehrgang des Forts.
Wenn jedoch der Regen einmal eine Pause machte, lief er
ins Freie, um die nebelumhüllten Inseln zu beobachten,

die sich in dem Dunstschleier auf und ab zu bewegen schienen. Die Luft war dann frisch und brachte den Geruch von Wald und See und frisch gesägtem Holz. Immer ungeduldiger sehnte Duncan die Zeit herbei, in der er das Fort verlassen, die steinige Bucht besuchen und den kräftigen Salzgeruch atmen und die pfadlosen Wälder durchstreifen durfte.

VII.

Jeder Weg außerhalb des Forts versprach ein Abenteuer. Auch Clah konnte es kaum erwarten, bis er Duncan auf seinem ersten Ausgang begleiten durfte. Er war sich vollkommen sicher, daß er seinen Freund gefahrlos durch die Indianerdörfer führen konnte. Mit Clah konnte sich Duncan auch schon gut verständigen, aber noch fühlte er sich nicht sicher genug, um mit einer Gruppe fremder Indianer sprechen zu können. Aber das Zaudern war seine Sache nicht. Einmal mußte die Probe aufs Exempel gemacht werden. Darum entschloß er sich trotz aller Warnungen, sich endlich hinauszuwagen.

Zuerst führte ihn Clah zu seiner eigenen Familie, weil er wußte, daß er bei ihr freundlich empfangen werden würde. Auch Duncan war davon überzeugt, ebenfalls entgegen den Meinungen und Warnungen im Fort. Nun also sah er eins der Gemeinschaftshäuser der Tsimshian endlich auch einmal von innen.

Vor dem Eingang ragte ein sechs Fuß hoher Zedernpfahl auf. Tierzeichen, die dem Clan der Familie zugehörten, waren auf ihm eingeschnitzt und teilweise bemalt. Weil alle Zeichen auf dem Pfahl erscheinen mußten, zeigten die stilisierten Tiere und Vögel oftmals seltsame Verzerrungen, damit sie sich mit den Figuren oberhalb und unterhalb verbanden. Der Totempfahl war für einen von Clahs Vorfahren errichtet worden.

Clah fuhr leicht mit der Hand über die verzierte Oberfläche. Es war der erste Totempfahl, den er selber geschnitzt und dessen Aufrichtung er überwacht hatte, und er freute sich über seinen Erfolg. Obwohl er erst ein paar Jahre dastand, hatte das Holz, vom Wetter gegerbt, die Farbe von dunklem Zinn angenommen. Die Farben — Rot, Braun und Blaugrün —, aus Ocker und Kupfer gewonnen, betonten die Einzelheiten des Schnitzwerkes, waren auch bereits verwittert und stimmten harmonisch mit dem sanftgrauen Holz überein.

Das Haus war fast quadratisch, etwa 5,5 Fuß breit und 6,5 Fuß hoch und ruhte auf einem Unterbau von mächtigen Pfählen und Balken. Die Größe des Hauses erstaunte Duncan, aber sein Erstaunen steigerte sich beim Eintritt — so gewaltig hatte er sich die Ausdehnung des einzigen riesigen Raumes nicht vorgestellt. Die Trägerbalken, Hauspfosten genannt, waren ebenfalls geschnitzt und bemalt mit den Totemtieren der Familienangehörigen und mit Figuren, die Geschehnisse aus der Familientradition festhielten.

Rund um den mit Zedernholz getäfelten Raum lief eine erhöhte Plattform, die die Schlafstätten der verschiedenen Familien des Clans enthielten, die hier lebten. Vielerlei Zubehör, Kostüme für die zeremoniellen Tänze, die beweglichen Holzmasken, Felle, Decken, geschnitzte Tischgerätschaften waren in schön verzierten Kästen auf dieser Plattform untergebracht. In der Mitte des Raumes, an der tiefsten Stelle, funkelte und knisterte das Feuer in einer großen Feuergrube, über der das Giebeldach offen war, damit Rauch und Funken abziehen konnten.

Aus einem hübsch geflochtenen Korb nahm Clah einige getrocknete Candlefische und warf sie in die Glut. Das Feuer flammte augenblicklich hoch. Tanzende Lichtflecken hüpften über die im Dämmer liegende Plattform. In dieser Helligkeit erkannte Duncan die mit den Familienemblemen bemalten und geschnitzten Kästen genau und bewunderte die Kunstfertigkeit und den Einfallsreichtum.

Clah lud Duncan ein, sich neben das Feuer zu setzen. Auf einer Matte aus Zedernborke verteilte er die festlichen Schalen. Aus dem schattigen Hintergrund beäugten kleine Kinder neugierig den Besucher. Sie wußten, daß Clah den Besuch des jungen weißen Mannes für ein Fest halten mußte, denn nur bei solchen Gelegenheiten bereiteten junge Männer, die zum Haushalt gehörten, selber das Mahl.

Clah machte es augenscheinlich großes Vergnügen, dem Freund mit allen Mitteln zu zeigen, daß er willkommen war und geehrt werden sollte, und Duncan fühlte sich angenehm berührt davon. Ein alltägliches Mahl bestand aus zwei Gängen. Duncan begriff schnell, daß ihm zu Ehren ein Festmahl stattfand, und er bemühte sich, jeden Gang gebührend zu würdigen.

Der getrocknete, geröstete Lachs, Muscheln, Fleischstücke, Suppen und Beeren waren höchst appetitliche Speisen, wenn nur nicht das unvermeidliche Candlefischfett so reichlich über alles geschüttet worden wäre. Nur das Soopalally schien frei von Fischfett. Dieser letzte und besondere Gang war ein Getränk. Dazu wurden die getrockneten Beeren vom Seifennußbaum zerdrückt und in Wasser eingeweicht. Danach wurde das schäumende Gemisch so lange geschlagen, bis es die Beschaffenheit einer dicken Suppe hatte. Ohne Soopalally war ein Fest kein Fest. Diese Suppe zu essen, erforderte viel Geschicklichkeit. Man benutzte einen flachen Löffel, der nur dazu verwendet werden durfte, und spritzte sich das Getränk vom Löffel in den Mund.

Duncan wiederholte den Besuch in Clahs Haus ein paarmal, erst dann ging er mit Clah auch zu den anderen Dorfbewohnern. Dabei hatte er Gelegenheit, eine Reihe von Indianern freundlich und zwanglos zu treffen und ein wenig mit ihnen zu reden. Dabei versuchte er, die Indianer davon zu überzeugen, daß er ein Mensch war wie sie auch und keineswegs ein Übermensch oder Zauberer.

Wenn er hörte, daß jemand krank war, versuchte er mit einfachen Ratschlägen zu helfen. Manchmal verteilte er auch etwas von seinen medizinischen Vorräten. Langsam begannen einige Indianer ihr Mißtrauen zu verlieren und seine Freundlichkeit zu erwidern. Diese Besuche in den verschiedensten Häusern und bei ihren Bewohnern, die den unterschiedlichsten Klassen angehörten, vermittelten ihm ein recht genaues Bild von ihrem Leben. Er machte sich mit ihren Gewohnheiten vertraut, und ehe er noch recht mit ihnen gesprochen hatte, war zwischen ihm und ein paar wenigen eine Art Vertrauen hergestellt.

Im zeitigen März flauten die kalten Winde ab, und die ersten Candlefische erschienen an der Sandbank vor der Hafeneinfahrt und strebten geradewegs dem Nass-River zu. Bald folgten diesen Vorläufern Millionen der kleinen fetten Fische. Die Tsimshians waren überzeugt, daß sie hier an der richtigen Stelle saßen, um sie in ihren angestammten Fischgründen zu fangen. Über dem Eintreffen der Fische vergaßen sie Duncan zeitweilig, denn sie waren täglich beim Fischfang. Das war auch nötig, denn der Candlefisch gehörte zu ihren wichtigsten Wintervorräten.

Erst gegen Ende April, als das letzte Fett aus dem letzten Fisch gepreßt war, kamen sie wieder zum Atemholen und hatten wieder Zeit, an den fremden weißen Mann im Fort zu denken. Jetzt saßen sie wieder um ihre Lagerfeuer und fragten nach der Botschaft, die Duncan ihnen bringen sollte. Das Gerücht, er habe eine Botschaft vom Gott der Weißen, lief den ganzen Nass River entlang.

Nachdem sich die Fischjäger also wieder um Fort Simpson eingefunden hatten, war ihre Neugier nun doch so groß geworden, daß Häuptling Neyastodah beschloß, Duncan im Fort einen Besuch zu machen.

„Ich habe gehört, du seiest hierhergekommen mit einem Brief von Gott. Stimmt das? Hast du einen Brief von Gott?" fragte der Häuptling.

„Ja, das stimmt. Ich habe einen Brief von Gott."

„Laß ihn mich sehen", forderte der Häuptling.

Duncan holte seine schwere Bibel und legte sie auf den Tisch.

„Das ist Gottes Buch, Gottes Brief."

Ehrfurchtsvoll, fast, als scheue er sich, sie zu berühren, legte Neyastodah seine Hand auf die Bibel.

„Das ist Gottes Brief für die Tsimshian?"

„Ja, gewiß. Aber Gott hat seine Botschaft oder seinen Brief an alle Völker gerichtet, an deines sowohl wie an meines."

Duncan wollte ganz sichergehen, daß der Häuptling verstand, was er mit „Gott" meinte, und nicht etwa glaubte, es handele sich um eine Botschaft aus England oder von der Königin oder von sonstwem, sondern um eine Botschaft von Gott, der sie beide geschaffen hatte. Er bemühte sich, so gut er konnte, um eine Erklärung. Als der Häuptling sie gehört hatte, versank er in tiefes Nachdenken.

„Und in diesem Buch steckt Gottes Herz für uns, für die Tsimshians?"

„Das tut es."

„Und davon willst du den Indianern erzählen?"

„Das will ich."

„Ah — ah! Shimauget!" (Das ist gut, das ist gut, Häuptling.)

Als Neyastodah mit dieser Botschaft von seinem Besuch
zurückkehrte, konnten die Indianer es kaum erwarten,
daß Duncan mit seinem „Brief" kam.

VIII.

Duncan drängte es ebenso, „die Botschaft auszurichten",
wie die Tsimshians neugierig waren, sie zu hören. Acht
lange Monate hatte er um die Beherrschung ihrer Sprache
gerungen, alles, was mit ihrer eingeborenen Kultur zusammenhing, sorgfältig überlegt und in Betracht gezogen
und sich wie gewöhnlich einen Plan zurechtgelegt. Er
hatte ihre wilden Riten in den Mondnächten von der Galerie aus gesehen und hatte die Menschen bei Tage beobachtet, und vieles hatte er von Clah erfahren. Seine
Gedanken über sie hatten sich geklärt und gefestigt. Sie
wünschten wohl, vieles von dem zu können, was die
Weißen konnten, aber ihr Stolz würde es niemals zulassen, wie Kinder „belehrt" zu werden. Außerdem hatten
sie ihre eigenen Vorstellungen von einem Gott und der
Schöpfung. Sie gründeten auf jahrhundertealten Mythen
und waren in schönen Legenden ausgeformt. Aber gerade
einige von diesen Ideen schienen Duncan geeignet, um
daran anzuknüpfen und so eine Einstiegsmöglichkeit zu
gewinnen, von der aus er sich ihnen verständlich machen
konnte.

Ihre Religion war eng mit mythologischen Vorstellungen verknüpft und nicht einfach zu beschreiben. Die übernatürliche Welt spielte von ihrer Geburt bis zum Tod

eine große Rolle im Leben der Indianer. Sie glaubten, Tiere hätten eine unsterbliche Seele und übernatürliche Kräfte, mit denen sie den Menschen Glück und Segen wie Tod und Verderben bringen konnten. Alles Lebendige konnte diesen Geistern als Wohnung dienen. Wie alle eindrucksfähigen, wachen Menschen nahmen sie die Schönheit der Natur wahr und wünschten, ihre Geheimnisse zu verstehen. Auch sie fragten die unsterblichen Fragen nach Mensch und Natur: Wer bin ich? — Wo ist Gott? — Wer schickt den Wind? — Wer zeigt Jahr für Jahr dem Lachs seinen Weg?

Und jenseits ihres Glaubens an die mit übernatürlichen Kräften beseelten Tiere glaubten die Tsimshians auch an einen Großen Geist, der über allem war, an einen himmlischen Häuptling (Shimauget Lahaga), der unsterblich war und alles beobachtete, was unter den Menschen vorging.

Es gab auch eine Legende von einer großen Flut — Clah hatte sie ihm erzählt —, die erklärte, wie die Tsimshians an den Nass River gekommen waren. Sie hatten auch eine Art zu beten, das hatte Duncan in Clahs Haus beobachten können. Vor dem Essen nahm der Hausvater ein kleines Stück Lachs und warf es ins Feuer mit den Worten:

„Das erste Stück für den Himmelshäuptling."

Eins wußte Duncan genau: Wenn er mit den Indianern sprach, wollte er sämtliche Glaubensbekenntnisse, Doktrinen und Dogmen aus seiner Rede verbannen und ganz schlicht und einfach nur von Gott reden. Niemals würde er ihre alten Gewohnheiten verdammen, sie niemals lächerlich machen oder sie mit Vorschriften gängeln. Obwohl er doch noch kaum Erfahrungen mit ihnen gemacht hatte, glaubte er längst nicht mehr an ihre Primitivität und unbezähmbare Wildheit, er glaubte vielmehr, daß sie alle Voraussetzungen für ein zivilisiertes Leben besaßen. Aber sie dahin zu bringen, wollte er allein der Macht und Kraft von Gottes Wort überlassen. Ihm oblag es nur, dieses Wort auszubreiten, ihm Boden zu gewinnen ohne Druck und Zwang.

In Anbetracht der Stammesgewohnheiten wünschte er, die Menschen in ihren eigenen Häusern anzusprechen, und bat Clah bei den neun Häuptlingen um Erlaubnis dafür nachzusuchen und eine geeignete Zeit zu bestimmen.

Der große Tag wurde auf den 13. Juni angesetzt — ein Jahr nach seiner Ankunft im Nordwesten. Der Tag zog klar und sonnig herauf. Clah erschien, von der Feierlichkeit des Tages durchdrungen, angetan mit dem Chilkat-Umhang, dem Tanzschurz und dem Helmschmuck, um Duncan abzuholen. Es war Duncan überhaupt nicht in den Sinn gekommen, daß sich Clah so herausputzen würde, und er mußte innerlich über die Gegensätzlichkeit ihrer beiden Erscheinungen lächeln. Clah bot einen verwirrend schönen Anblick in seiner farbenfrohen Gewandung, und er daneben war so schlicht und unaufdringlich wie nur möglich in seinen dunklen englischen Kleidern. Aber die Gegensätzlichkeit lag nur in ihrer äußeren Erscheinung. Duncan spürte, daß Clah trotz seiner äußerlichen Ruhe und Würde genauso aufgeregt war wie er.

Als sie zusammen das Fort verließen, bemerkte er, daß kein einziges Kanu den Hafen verlassen hatte.

Den ersten Halt machten sie im Haus des Häuptlings Neyastodah, in dem sich etwa hundert Menschen eingefunden hatten. Zum ersten Male sah sich Duncan einer solchen Menge von Indianern gegenüber. Sein Herz schlug ihm bis zum Hals, und seine Kehle war ganz trocken. Ein einziges ungenau gewähltes Wort konnte einen völlig falschen Eindruck hervorrufen, ein falsch ausgesprochenes den Boten und damit die Botschaft der Lächerlich-

44

keit preisgeben, ein falsches ihn in Lebensgefahr bringen. Trotzdem widerstand er der Versuchung, seine Predigt vorzulesen und Clah Satz für Satz übersetzen zu lassen. Er holte tief Atem, dann bat er als erstes, den Eingang zu schließen. Das führte zu einer gewissen Ruhe bei den Versammelten, die sich verstärkte, als Duncan niederkniete und in ein stilles Gebet versank. Dann begann er seine Predigt, die erste, die sie jemals gehört hatten, die erste Rede, die je ein weißer Mann an sie in ihrer Sprache gehalten hatte.

Während der Predigt war von den Tsimshians kein Laut zu hören, sie schienen aufmerksam zu lauschen. Als Duncan geendet hatte, verabschiedete er sich und begab sich zum Haus des Häuptlings Legaic, wo noch mehr Menschen auf ihn warteten. Man hatte dort ein Segel ausgebreitet, auf das er sich stellen sollte.

Von dort aus ging es in Clahs Begleitung weiter zu den anderen sieben Häuptlingen. Um vier Uhr nachmittags — ohne Essenspause — hatte er in neun verschiedenen Häusern gepredigt, und etwa achthundert Indianer hatten seine Worte gehört.

Clah, der die Gesichter der Zuhörer während des ganzen Tages genau beobachtet hatte, versicherte Duncan, daß ihre Mienen Zufriedenheit ausgedrückt hätten, daß sie fühlten, es sei „gut", was der weiße Mann sagte. Aber in der Nacht, allein in seiner Stube, wo er ungestört über den heutigen Tag nachdenken konnte, war ihm grausam klargeworden, daß die Aufmerksamkeit der Indianer nicht auf ihrem Einverständnis beruhte, sondern daß sie entweder abergläubische Angst vor ihm hatten oder stolze Verachtung, und ihre disziplinierte Ruhe war nichts weiter als unbeteiligte Höflichkeit. Niemand hatte auch nur das geringste verstanden. Wahrscheinlich hatte er seine Erwartungen viel zu hoch gespannt. Aber entmutigen ließ er sich nicht! Er hatte sein Werk begonnen, und voller Hoffnung betete er, daß eines Tages Liebe an die Stelle der Furcht treten und das Licht des Verstehens über ihnen aufleuchten möchte.

IX.

Als nächsten Schritt plante Duncan, eine Schule einzurichten. Häuptling Legaic war an Duncans Religion nicht im mindesten interessiert, aber es war ihm sehr viel daran gelegen, die materiellen Vorteile wahrzunehmen, die sich aus den Kenntnissen des weißen Mannes ziehen ließen. Scharfsinnig erkannte er den Wert einer Schule und bot sofort sein Haus dafür an.

Sechsundzwanzig Kinder waren am ersten Tag erschienen, aber nur fünfzehn hatten sich für den Unterricht für Heranwachsende am Nachmittag gemeldet. Offensichtlich erforderte es für sie mehr Mut, die Schule zu besuchen, möglicherweise fürchteten sie für ihr Ansehen. Vielleicht lag es auch daran, daß diejenigen, die nicht zu Legaics Gruppe gehörten, sich im Hause des Oberhäuptlings gehemmt fühlten. Mag auch sein, daß die anderen Häuptlinge die Tatsache, daß der Unterricht in Legaics Haus stattfand, als eine ungerechtfertigte Bevorzugung ansahen. Auf jeden Fall ließ einer der Häuptlinge Duncan sehr bald wissen: „Alle werden zum Unterricht kommen, sobald du ein eigenes Schulhaus hast."

Duncan, dankbar für den Hinweis, dachte darüber nach. Bald würde Legaic sein Haus sowieso verlassen, um am Skeena zu fischen. Alle oder doch fast alle würden seinem Beispiel folgen. Sinn hatte die Schule erst wieder, wenn die Zeit des Lachsfanges vorüber war. Er entschied sich dafür, die Angelegenheit zu verschieben, bis die Indianer wieder Zeit haben würden, sich mit etwas anderem zu beschäftigen als mit dem Lachsfang. Dann könnte er sie auch wohl dazu gewinnen, daß sie ihm beim Bau eines Schulhauses halfen.

Am Lachsfang nahm jeder teil, wenn er den Anstrengungen noch gewachsen war. Jeder beteiligte sich mit allen Mitteln, die zur Verfügung standen — mit Harpunen, Netzen, Fallen, denn die Saison war kurz, und für die Wintermonate brauchte man viele Lachse. Auch Clah hatte stets am Fang teilgenommen, in diesem Jahr aber blieb er im Dorf bei Fort Simpson zurück, um seinem Freund nahe zu sein und ihn zu beschützen.

Weit weg vom Dorf wagte sich Clah mit seinem Freund noch nicht, aber wenigstens mit den Wäldern hinter dem Dorf begann er ihn bekannt zu machen. An einem sonnigen Julitag führte er Duncan zu einem kleinen Lachsfluß. Kein Pfad führte durch das dichte Unterholz. Clah mußte einen Weg durch alle die Stauden, Ranken und das Dornengestrüpp, das prächtig im feuchten Schatten der Riesenbäume gedieh, freischlagen.

Aus dem schwammigen Grund von Sumpfmoos unter ihren Füßen sprang bei jedem ihrer gezielten Sprünge über verrottende Baumstümpfe oder gefallene Bäume eine kleine Quelle auf. Auf dem bemoosten Stumpf einer gestürzten Tanne wuchsen Hunderte von Sämlingen auf kleinstem Raum und bildeten einen märchenhaften Zwergwald mit Farnen und Pilzen dazwischen, die die feenhafte Wirkung noch verstärkten. Ein rotes Eichhörnchen, das einen Pilz geschickt hin- und herdrehte und an seinen Ecken knabberte, schimpfte kräftig über die beiden Eindringlinge, die die Ruhe in seinem Privatwald störten. Sein Keckern war der einzige Laut, der sie noch eine

Weile lang beim weiteren Eindringen in den Wald begleitete. Nur schmale Streifen von Sonnenlicht drangen durch die üppige Pflanzenwelt um die von den Bäumen baumelnden Moospolster. Nur die unter ihren Fußtritten knackenden Zweige durchbrachen die Stille, bis sie schließlich das Rauschen der Stromschnellen hörten. Als die beiden Männer den Fluß erreicht hatten, duckten sie sich hinter einen Felsen. Von diesem Versteck aus konnten sie Bären beobachten, ohne von ihnen wahrgenommen zu werden. Sie brauchten auch nicht lange zu warten, da tauchte eine Mutterbärin mit zwei Jungen auf. Die Stromschnellen überwand sie auf einem ins Wasser gefallenen Baumstamm. Die zwei kleinen Bären trotteten folgsam hinter ihr her und balancierten geschickt über die Baumbrücke. Am Ufer schubste und stupste die Mutter ihre Kleinen an einen sicheren Platz. Sie selber tauchte in die schäumenden Strudel, um einen Lachs für ihre Familie zu fangen. Die Lachse sprangen direkt an ihrer Nase vorbei in die Luft, und rasch hatte sie mit ihren mächtigen Kiefern einen erschnappt. Wieder hörte man Schlurfen und Scharren aus dem Wald, und ein großer Bär rumpelte ins Blickfeld.

„Das ist der Alte mit dem gebrochenen Kiefer", flüsterte Clah. Der Bär hockte sich mitten in den Fluß und wartete geduldig, bis ihm ein unglücklicher Lachs direkt in sein aufgesperrtes Maul sprang. Auf diese Weise mußte der alte Bär mit Geduld und Glück sich seine Nahrung verschaffen, denn der gebrochene Kiefer hinderte ihn am Zuschnappen. Nach einer Weile trotteten die Bären wieder in den Wald am anderen Ufer zurück. Duncan kam nun hinter dem Felsen hervor, um die Lachse zu beobachten. Ihre Silberleiber funkelten und glitzerten im Sonnenschein. Nicht alle die blitzenden Sprünge waren erfolgreich. Manche Lachse schnellten sich gegen die Felsen und stürzten verwundet zurück in die Höhlen oder Wasserlöcher, um dort besiegt zu sterben, aber über ihnen schleuderten sich andere Lachse in die Luft, oft schon verletzt und blutend. Zu gefahrvoll war ihre ruhelose lange Wanderung stromauf.

Während er das großartige Schauspiel genoß, erzählte ihm Clah, daß die Tsimshians die Lachse „Häuptlinge" nennen und den ersten Lachs jedes Jahr feierlich begrüßen.

„Und warum das?" fragte Duncan.

„Wir glauben, daß die Lachse übernatürliche Wesen sind. Sie wohnen auf dem Meeresboden in einem großen Haus — ganz nach Menschenart. Sie feiern Feste und tanzen. Wenn die Zeit für den Aufbruch kommt, schlüpft das Lachsvolk in die Gestalt von Fischen, in der sie sich selbst zum Opfer bringen. Der Geist eines jeden toten Lachses kehrt wieder in das Haus auf dem Meeresgrund zurück. Dort gewinnt jedes Wesen seine Menschenähnlichkeit zurück, wenn alle Gräten ins Wasser geworfen werden, und kann im nächsten Jahr die Wanderung wieder antreten. Darauf, daß alle Gräten ins Wasser geworfen werden, müssen wir streng achten, denn sonst könnte es sein, daß einer Lachsperson beim Wiedererstehen ein Arm oder ein Bein oder sonst ein wichtiger Teil fehlt. Das könnte den Stamm verärgern, und er könnte sich weigern, im nächsten Jahr in einen Strom zurückzukehren, in dem er so unehrerbietig behandelt worden ist."

Bei dem Verhältnis, das die Indianer zu der Welt der Tiere hatten, waren diese Vorstellungen gar nicht so seltsam. Und da sie seit Jahrhunderten ganz wesentlich vom Lachs lebten, suchten sie natürlich alles zu vermeiden, was ihre „Wohltäter" beleidigen konnte. Darum hatten sich vielerlei Rituale und Tabus herausgebildet, die den Lachs und den Lachsfang betrafen. Lachse durften niemals in Metallgefäßen gekocht werden, um den Lachs nicht zu „beschämen". Man benutzte dazu eigens dafür angefertigte Holzbottiche. Die wichtigste Vorschrift war freilich die sorgfältige Sammlung der Gräten.

Schließlich war der Lachsfang beendet, aber die Rückkehrenden hatten deshalb doch keine Zeit, ein Schulhaus zu bauen. Sie waren völlig davon in Anspruch genommen, den Lachs zu räuchern oder zu trocknen oder ihn sonstwie zu konservieren als Vorrat für den Winter. Außer dem Lachs wurden auch Heilbutt, Heringe und Muscheln getrocknet und eingelagert. Aus Tang kochte man Suppe, sammelte Früchte und Beeren, von denen auch viel für den Winter getrocknet wurden. Die Beeren wurden zu einem Brei verkocht, der in hölzerne flache Behälter gegossen wurde, die mit Kohlblättern ausgelegt waren. Der Brei trocknete dann zu Kuchen zusammen, die man je nach Bedarf wieder aufweichen konnte. Im Sommer, das sah Duncan sehr schnell ein, konnte er nicht damit rechnen, daß irgend jemand Zeit für seine Wünsche haben würde.

Dennoch kam auch das Ende der Geschäftigkeit, und nun fand Duncan bei manchen offene Ohren. An dem Tag, an dem der Bau beginnen sollte, lief Duncan zur Bucht hinunter, wo ein großes Floß ankerte. Die schweren Stämme waren sorgfältig zugeschnitten worden und zu einem Platz, nicht weit von der Stelle, wo das Schulhaus stehen sollte, geflößt worden. Aber nur ein einziger Indianer wartete bei dem Floß. Nach einer Weile erschienen noch zwei, drei andere. Schließlich kamen sogar einige der Häuptlinge, denen wiederum ein paar Indianer folgten. Wieder nach einer Weile gesellten sich noch ein paar dazu. Schließlich setzten sie sich alle in Indianerweise nieder, ohne etwas zu reden, aber auch ohne etwas zu tun.

50

Eine Stunde verging, ohne daß sich die Zahl der Helfer vergrößerte. Mehr Hilfe war anscheinend nicht zu erwarten. Nach der Begeisterung, die die Indianer über den Plan gezeigt hatten, war Duncan nicht nur überrascht, sondern auch tief enttäuscht beim Anblick dieses armseligen Häufleins. Wenn sie nun wenigstens anfangen wollten zu arbeiten! Aber er hatte schon gelernt, daß es sinnlos war, Indianer zur Eile anzutreiben; also wartete er noch ein Weilchen.

Aber plötzlich sprang einer der Indianer auf dem Floß auf und stieß den gellenden Arbeitsruf aus. Duncan ging voraus zu dem Bauplatz auf dem Hügel, die größere Gruppe der Indianer folgte, die kleinere blieb auf dem Floß zurück. Sie begann die Stämme an das Ufer zu tragen — es waren viel zu wenig Hände für diese große Arbeit. Wieder stieß einer der Indianer einen hellen Schrei aus, dem alsbald ein Geschrei aus allen Richtungen antwortete. Duncan drehte sich um und sah, daß die kleine Gruppe auf dem Floß sich ungemein vergrößert hatte, und alle wuselten geschäftig herum. Das ganze Dorf wurde von dem Arbeitseifer angesteckt und die schweren Stämme in einem unglaublichen Tempo den Hügel hinaufgeschafft. Die Indianer wollten den Bau an einem Tage beenden. Aber um drei Uhr schickte Duncan sie nach Hause, sie sollten sich bis zum nächsten Morgen ausruhen.

Sosehr er sich über ihren Eifer freute, war er doch froh, sie für diesen Tag los zu sein. Der ständige Lärm, das Geschrei und das Gebrüll, mit dem sie sich gegenseitig antrieben, gellte ihm noch in den Ohren. Immer hatte er einen Unfall befürchtet. Und dabei mußte er nachdenken und den Bau dirigieren. Völlig erschöpft fiel er aufs Bett.

In wenigen Tagen stand der Rohbau, und auch die übrigen Arbeiten gingen in atemberaubendem Tempo vonstatten. Es fehlten noch Pulte und Bänke. Duncan hatte vorgehabt, das Dach mit Rinde decken zu lassen, aber die Indianer bestanden darauf, daß das Schulhaus des weißen Lehrers ein Holzdach haben mußte. Wieder mit viel Lärm und mit viel Umständlichkeit brachten sie die Bretter für das Dach und die Dielen angeschleppt. Manche, die keine andere Möglichkeit sahen, zu Brettern zu kommen, nahmen sie von ihren eigenen Häusern. Mit ihrem Einsatz wollten sie beweisen, daß sie dem Vorhaben freundlich gegenüberstanden.

Am 17. November war es soweit. Duncan schlug einen metallenen Triangel, der Ton hallte über die Siedlung, und eine Menge der alten und neuen Schüler strömten in das neue Schulhaus. Duncan hatte jetzt einhundertvierzig Kinder und fünfzig Heranwachsende zu unterrichten. Das waren viel mehr, als er je erwartet hatte, und bewies, wie stark der Wunsch der Indianer war, etwas zu lernen. Freilich mochte auch die Vorstellung eine Rolle spielen, der weiße Mann kenne manches Geheimnis der ewigen Dinge, an denen sie unbedingt teilhaben wollten, selbst dann, wenn damit ihre am meisten geliebten abergläubischen Ansichten zerstört wurden. Duncan war froh, daß so viele kamen; aus welchen Gründen auch immer sie kommen mochten, er wollte von seiner Seite das Beste dazutun, ihnen zu helfen.

Aber eine Gruppe gab es unter den Tsimshians, der war die neue Schule ein Dorn im Auge. Die Shoo-wansh — die Medizinmänner — sahen in Duncan die schwerste Bedrohung für ihre bevorzugte und gefürchtete Stellung. Mit dem von Duncan vermittelten Wissen und den Kenntnissen würde das Volk bald aufhören, an ihre Zaubermätzchen zu glauben. Diese Beeinträchtigung mußten sie verhindern. Sie waren fest entschlossen, sich von ihrem Feind zu befreien.

X.

Der Medizinmann — Shoo-wansh, d. i. „der Bläser" — war eine äußerst wichtige Person in der Tsimshian-Gesellschaft. Aber merkwürdigerweise war er nicht der ausübende Arzt. Die Anwendung von Kräutertränken, das Sammeln von Blättern, die man zur Wundbehandlung brauchte, und das Auflegen auf Wunden und vieles andere lag in der Hand von weisen alten Frauen. Der Medizinmann wurde nur in den Fällen gerufen, in denen die üblichen Mittel versagten oder es keine einleuchtende Erklärung für die Krankheit gab. Dann nämlich fürchteten die Indianer, die von einer solchen Krankheit befallene Person sei verhext. Für diese Art Krankheit war der Medizinmann der allein Zuständige.

Er kam mit einer Rassel, um die bösen Geister auszutreiben, die von dem Opfer Besitz ergriffen hatten. Sein Amtsabzeichen war ein wirrer Knäuel von Haaren, die weder gekämmt noch geschnitten werden durften. Er setzte eine der beweglichen Holzmasken auf und begann seine Kur. Er schwang die Rassel und sang und tanzte dazu mit wilden Bewegungen. Er blies dem Patienten in die Nase und in den Mund, hämmerte mit den Fäusten auf seinen Körper und schrie und heulte unablässig dabei, bis der Patient sagte, es gehe ihm schon viel besser. Dann entlockte er einer reich mit Zeichen verzierten Tuba aus Knochen einige Töne und begab sich damit „auf die Suche nach der Seele" des Patienten, und er behauptete dann, er habe sie gerade noch gefangen, als sie den Körper verlassen wollte.

Das Ansehen der Medizinmänner beruhte im wesentlichen auf bestimmten Tricks, in deren Vervollkommnung sie sehr geschickt waren. Jede angesehene Familie in einem Stamm hatte ihren eigenen speziellen Trick — ein Familiengeheimnis, das nur der Medizinmann und der Häuptling kannten. Legaic und sein Medizinmann Cushwat besaßen einen Trick, den sie bei bestimmten Gelegenheiten anwendeten und immer mehr vervollkommneten. Er war außerordentlich eindrucksvoll und geeignet, übernatürliche Kräfte vorzuspiegeln. Cushwat tötete seinen Chef, indem er ihm den Kopf abschnitt. Legaics Körper fiel hintenüber und der Kopf zu Boden, Blut spritzte, der Kopf rollte von einer Ecke des Raumes in die andere. Es war ein sehr lebensechtes „Kopf-ab".

Die anwesenden Indianer „starben". Das war ihr Ausdruck für höchstes Erstaunen und Verwunderung. Aber noch größer wurde ihr Staunen, wenn Cushwat den Kopf wieder auf den Körper setzte und, nachdem er ein bißchen herumgefummelt und den Schnitt mit Fett eingeschmiert hatte, den Häuptling wieder ins Leben zurückbrachte, der dann sprach, herumtanzte und lachte, als hätte er niemals „seinen Kopf verloren".

Da der Häuptling mitspielte, war der Trick verhältnismäßig einfach. Ehe die Vorstellung begann, wurde ihm ein falscher Kopf mit einer Maske aufgesetzt, der echte Kopf war unter dem Tanzumhang verborgen. An dem falschen Kopf waren geschickt Säcke mit Blut angebracht, Legaic hielt ihn an Schnüren, an denen er zog, so daß der Kopf auf dem Boden herumrollen konnte. Wenn der falsche Kopf wieder aufgesetzt wurde, wurde er in Wirklichkeit unter den Falten des Umhanges verborgen, während des Häuptlings eigener Kopf emportauchte und er zu sprechen und zu lachen begann. In dem schummrigen Licht wirkten solche Tricks ungemein echt. Es war kaum möglich, daß irgend jemand die Vorrichtungen erkennen konnte. Manche Häuser hatten auch unterirdische Gänge oder Falltüren, wo die Akteure verschwinden und wieder

auftauchen konnten. Oder es gab ausgehöhlte Kelp-
stämme — Kelp ist ein Riesentang —, die man unter dem
Fußboden aufgereiht hatte und als Sprachrohre benutzte.
Das klang dumpf und furchterregend genug, um jedermann glauben zu lassen, es seien die Stimmen der Vorfahren, die von irgendwelchen Plätzen zu den Versammelten drängen. Alle möglichen angsterregenden Figuren
flogen, an Stricken gezogen, durch die Luft. Die meisten
der Indianer ließen sich von diesen Tricks vollständig
täuschen, aber einige durchschauten das Spiel, doch die
hatten trotzdem ihr Vergnügen daran.

Aber später, als Duncan behutsam daranging, den Zauber der Medizinmänner zu entlarven, baten ihn gerade
diese aufgeklärten unter seinen Anhängern, vorsichtig zu
sein und sich nicht in die Gewalt der Zauberer zu be-
geben.

„Wenn du dein Haar schneiden läßt, versichere dich,
daß alles verbrannt wird und sie keins von deinen Haaren erwischen und dich verhexen können."

Duncan aber wollte handgreiflich beweisen, daß an den
Kräften der Medizinmänner nichts dran war und daß er
sie nicht fürchtete. Er sagte:

„Das nächste Mal, wenn ich mir die Haare schneiden
lasse, bekommt jeder Medizinmann eine Locke von mir.
Damit kann er dann arbeiten."

Noch standen die Medizinmänner ungebrochen in ihrem Ansehen da. Trotzdem wagten sie gegen den Willen
ihrer Häuptlinge zunächst nichts gegen Duncan zu unternehmen. Legaic verhielt sich zwar völlig gleichgültig
gegen das, was Duncans eigentliches Anliegen war, aber
die Schule war ihm wichtig, er hatte ja sein Haus gleich
zur Verfügung gestellt, und den weißen Mann behandelte
er mit Achtung. Die Medizinmänner mußten sich in Geduld fassen und auf eine günstige Gelegenheit warten, bei

der sie Legaic in seiner Haltung umstimmen konnten. Die Gelegenheit kam im Dezember.

Legaics Tochter war zum Abschluß ihrer Erziehung „zum Mond gegangen". Ein Teil des Rituals bestand aus geheimnisvollen Zeremonien, die die Medizinmänner in Legaics Haus eifrig vorbereiteten. Das Haus lag am Schulweg der Kinder, und Legaic fürchtete, daß die Schulkinder, die unbekümmert lärmend an dem Haus vorbeitollten, den Zorn der Medizinmänner erregen könnten, weil sie sich durch die lärmenden Kinder gestört fühlten. Um sich nun seinerseits die Gunst der Medizinmänner nicht zu verscherzen, begab sich Legaic ins Fort, teilte dem Hauptmann den Sachverhalt mit und bat ihn, Duncan zu bitten, die Schule für einen Monat zu schließen.

Der Hauptmann glaubte zwar selber nicht an den Erfolg seiner Sendung, aber er richtete Legaics Wunsch aus. Duncan dachte natürlich nicht daran, ihn zu erfüllen.

„Nicht für einen Monat, nicht einmal für einen Tag schließe ich die Schule! Dieser Unfug hat hier lange genug regiert. Es wird hohe Zeit, mit ihm Schluß zu machen."

Mit dieser Entschiedenheit hatte der Hauptmann allerdings nicht gerechnet, und er schüttelte sorgenvoll den Kopf, während der Zweite Offizier sagte:

„Ich fürchte, Sie begehen einen schweren Fehler, wenn Sie so unnachgiebig bleiben. Sie wissen nicht, was Sie tun. Sie sollten diesen Aberglauben respektieren. Die Gefahr, daß daraus ein Blutvergießen entstehen kann, ist riesengroß."

„Mag sein, Sir", erwiderte Duncan, „aber wenn Blut vergossen wird, so wird es ganz sicher nicht das Ihre sein. Ich nehme auch an, Sie meinen das meine. Aber eben darum, da es sich um mein Blut handelt, bin ich auch allein dafür verantwortlich und trage allein das Risiko. Aber eines weiß ich genau — ob Blut fließen wird oder nicht, ich glaube im übrigen nicht daran, daß es geschieht —, ich schließe keine Kompromisse."

Als Legaic hörte, daß seine Bitte nicht erfüllt wurde, bat er den Hauptmann, noch einmal mit Duncan zu reden und ihm wenigstens zwei Wochen abzuringen. Aber der Hauptmann sagte ihm, das sei völlig zwecklos.

Am 20. Dezember sollte das Mädchen „vom Mond zurückkehren". Als sich Duncan an diesem Tag dem Schulhaus näherte, wurde er von der Frau des Häuptlings aufgehalten. Sie berichtete ihm, daß alle Häuptlinge in ihrem Hause versammelt seien und sie geschickt hätten, um ihn zu bitten, die Schule wenigstens an diesem Tag zu schließen.

Aber Duncan blieb fest. „Nein, und nicht einmal für eine Stunde."

„Kannst du dann nicht wenigstens einmal das Läuten der Glocke unterlassen?"

„Nein, auch das kann ich nicht. Wenn die Glocke nicht läutet, glauben ja die Schüler, die Schule fiele aus."

„Dann läute sie doch ein wenig leiser."

„Ich läute sie wie alle Tage, damit alle sie hören können."

Weinend über ihren Mißerfolg ging die Häuptlingsfrau davon. Duncan stieg weiter zum Schulhaus hinauf und läutete die Glocke besonders kräftig.

Obwohl die Glocke wirklich nicht zu überhören war, erschienen an diesem Morgen nur acht Schüler. Der Vormittag verging, ohne daß sich irgend etwas ereignet hätte. Während des Nachmittagsunterrichts aber bemerkte Duncan, daß mehrere Indianer, geführt von Legaic, im Gänsemarsch zum Schulhaus heraufkamen. Einige trugen Masken, alle Kriegsbemalung und Zauberzeichen.

Als die Medizinmänner das Schulhaus betraten, verdrückten sich die Schüler. Duncan blieb ganz ruhig am

Pult stehen, die Arme über der Brust gekreuzt. Die Indianer drängten auf ihn zu. Häuptling Legaic begann, Duncan Vorhaltungen zu machen, daß er ihm nicht gehorcht habe. Darauf erwiderte Duncan, daß Gott den ersten Anspruch auf Gehorsam habe, dann erst die Menschen. Legaic, der getrunken hatte, kam näher und wurde beleidigend und drohte mit einem furchterregenden Dolch. Er versuchte, Duncan mit der Bemerkung einzuschüchtern, daß Duncan nicht der erste sein würde, den er mit diesem Dolch umbringe. Als er so mit seinem Dolch in der Luft herumfuhr, faßte ihn sein Medizinmann Cushwat scharf ins Auge und schrie:

„Wenn du Mut hast, töte ihn! Ab mit dem Kopf! Gib ihn mir, daß ich ihn ins Wasser werfe!"

Bei diesem Anruf fühlte sich Legaic bei seinem Stolz gepackt. Seinen Mut durfte niemand in Zweifel ziehen. Als er jedoch den Hieb gegen Duncan führen wollte, fiel sein Arm wie gelähmt zur Seite. Legaic zog sich zurück und schlich davon, und die enttäuschten Medizinmänner mußten ihm folgen.

Was war geschehen? Als Duncan in die Bank sank, sah er Clah hinter sich stehen. Ohne daß Duncan es bemerkt hatte, war einer der erschrockenen Schüler zu Clah gelaufen, um ihn von den schrecklichen Ereignissen zu benachrichtigen. Sofort hatte der treue Clah einen Revolver gepackt, ihn unter seinem Umhang versteckt und war heimlich zum Schulhaus gekrochen. In dem Augenblick, als Legaic zum Schlag ausholte, hatte er sich hinter Duncan aufgerichtet und den Revolver auf den Häuptling angelegt.

Die Rückkehr von Legaics Tochter verlief mit aller gebotenen Feierlichkeit und ohne weiteren Zwischenfall. Als die mehrere Tage währende Feier vorbei war, war es genau ein Tag vor Weihnachten.

58

XI.

Nach dem Anschlag auf sein Leben und die darauf-
folgenden Zeremonien zu Ehren von Legaics Tochter hatte
sich Duncan sehr entmutigt gefühlt und sich gefragt, ob er
seine langgeplante Weihnachtsfeier abhalten sollte. Aber
nun war der Weihnachtstag gekommen, und mit den sich
über den Wassern hebenden Morgennebeln hatte sich
auch sein Mut wieder gehoben. Schüchterne Sonnenstrah-
len suchten sich den Weg durch den verhangenen Himmel,
und als er sich auf dem Weg zum Schulhaus befand, brach
die Sonne vollends durch und goß über die kahle Landschaft einen hellen Schein, in dem alle Farben aufglänzten.
Das nasse Moos auf den großen Steinen und auf dem
Schwemmholz, die Polster von Seetang, die unter seinen
Füßen weich nachgaben, funkelten in allen Schattierungen
von Ocker, Grün und in einem rostigen Rot-Violett. Die
majestätischen Berge waren mit lebendigen blauen Schatten gestreift und ihre Spitzen mit glitzerndem Schnee ge-
pudert, der in der Nacht gefallen war.

Duncans Schüler hatten ihre Eltern und Freunde eingeladen, am Weihnachtstag die Schule zu besuchen. An
die zweihundert Menschen hatten sich schon versammelt,
als Duncan ankam. Ein Hauch festlicher Freude erfüllte
den Raum, wie ihn Duncan noch niemals gespürt hatte.

Zum ersten Male hatte Duncan sich nichts aufgeschrieben, er sprach frei zu den Indianern. Er versuchte, ihnen
zu erklären, wem die Feier des Sonntags galt, warum er
ein „dress-day" war — für wen man sich am Sonntag
schmückte — und warum der Weihnachtstag ein „great
dress-day" war, daß die Christen diesen Tag als besonderen Freudentag feierten, weil an diesem Tag Gottes Sohn
als Mensch geboren war. Er sprach wieder von der Liebe

Gottes, die allen Menschen galt, und davon, daß er alles Böse hasse. Dabei lenkte er ihre Aufmerksamkeit besonders auf die Trunkenheit. Während er sprach, schien es ihm, als habe er wenigstens bei einigen nicht nur oberflächliche Aufmerksamkeit gefunden.

Nach der Predigt kamen die Kinder dran. Er fragte sie nach Bibelversen, die sie in der Schule gelernt hatten, und dann durften sie singen. Zur großen Freude und zum Erstaunen der Besucher begleitete er den Gesang mit seinem alten Akkordeon. Sie sangen zwei Lieder, die er in die Sprache der Tsimshians übersetzt hatte. Immer wieder wurden die Kinder gebeten, die Lieder zu wiederholen, bis alle die Worte gelernt hatten, und Duncan mußte die Melodie immer wieder spielen, bis schließlich alle mitsingen konnten. Der Schulraum hallte wider vom Klang ihrer wohlklingenden Stimmen, die von Duncans Spiel untermalt wurden.

Wenn Duncan später auf dieses Weihnachtsfest zurückblickte — sein zweites fern der Heimat und sein erstes außerhalb des Forts —, dann hielt er das immer für den ersten Markstein auf seinem Weg zu den Indianern.

Der außerordentliche Anklang, den die Weihnachtsfeier gefunden hatte, brachte ihn immer wieder auf neue Ideen für die Sonntagsgottesdienste. Immer hielt er eine kurze Ansprache mit ganz einfachen Wahrheiten, dann folgten Gebet und Gesang. Der Gesang war es zunächst, dem die Teilnahme der Indianer galt.

Als Duncan merkte, wie gern die Indianer sangen, opferte er viele Stunden Schlaf, um Lieder in ihre Sprache zu übersetzen. Singen wurde ein Teil des Lehrplans, an diesem Unterricht nahmen alle gemeinsam teil. Im übrigen aber teilte Duncan seine Schüler in mehrere kleinere Abteilungen, weil er merkte, daß er da besser vorankam. Jeder Schultag begann mit einem Gebet und einer kurzen

Ansprache zu einem Bibelwort. Dann lernten seine Schüler einen englischen Text, den er erklärte. Danach wiederholten ihn die Schüler, bis er sich ihnen fest eingeprägt hatte.

Als die winterlichen Regengüsse wieder um das Fort rauschten, war Duncan nicht mehr darin gefangen, sondern konnte in seiner Schule arbeiten. Mit seinem Regenhut aus geflochtenen Tannenwurzeln und einem Umhang aus Zedernrinde über seinen englischen Kleidern bot er einen höchst seltsamen, nie gesehenen Anblick in der Wildnis.

Das Interesse der Indianer an seinem Unterricht wuchs. Duncan nahm es dankbar wahr. Denn je mehr die Schule und auch die Sonntagsveranstaltungen die freie Zeit der Indianer ausfüllten, desto weniger konnten sie auf ihre Beschäftigung mit dem Medizin-Clubdienst verwenden, der in den Wintermonaten immer seinen aufregenden Höhepunkt hatte. Auch die aus der Trunkenheit entstandenen Streitereien schienen allmählich an Heftigkeit zu verlieren.

Im März war wieder eine Art Meilenstein erreicht. Die Ratsversammlung in Legaics Haus sprach Duncan ihre Zufriedenheit aus. Er möge nur fortfahren, „streng zu sprechen" gegen die Irrwege ihres Volkes. Sie wollten ihn ihrerseits mit „strenger Sprache" unterstützen.

Im April, nach der Rückkehr vom Fischfang, geschah fast ein kleines Wunder. Ein neuer Schüler erschien: Häuptling Legaic. Er kam nicht etwa, um Unruhe zu stiften. Er wollte wirklich etwas von dem jungen weißen Lehrer lernen. Seine Teilnahme am Unterricht erregte weit und breit beträchtliches Aufsehen. Das Ansehen von Duncans Schule wuchs rapide und steigerte sich, als andere Häuptlinge Legaics Beispiel folgten.

Nur die Medizinmänner widersetzten sich verständ-

licherweise seinem Einfluß. Aber Duncan hatte jetzt eine
so angesehene Stellung im Dorf, daß sie keinen neuen
Anschlag auf sein Leben wagten. Sie schworen sich freilich insgeheim und untereinander, alle Macht und alle
ihre Kräfte gegen ihn aufzubieten und zunächst einmal
wankelmütige und ängstliche Schüler mit Drohungen oder
Versprechungen der Schule abspenstig zu machen.

XII.

Zwar besaß Duncan eine treu zu ihm stehende Gefolg-
schaft, aber sicher war sein Leben trotzdem noch nicht,
wenn er sich unter den Tsimshians bewegte. Gefahr
konnte aus der harmlosesten Gelegenheit entspringen.
Das sollte sich bald erweisen.

Duncan stellte immer wieder fest, daß seine jüngsten
Schüler weder lachten noch spielten. Das mußte sich
ändern! Seine Schüler sollten fröhliche Schüler werden.
Mit den älteren von ihnen säuberte er einen ebenen Platz
hinter der Schule und legte einen Spielplatz darauf an.
Einen der gefällten Baumstämme glätteten sie sorgfältig,
rieben ihn ordentlich mit Oolakanöl ein und befestigten
einen Regenhut an seinem oberen Ende. Als der Pfahl
aufgerichtet wurde, begriffen die Kinder gleich seinen
Sinn. Sie konnten kaum erwarten, bis jeweils einer an der
Reihe war, den glatten Pfahl hinaufzuklettern und den
Regenhut zu schnappen. Der Wettstreit entfachte eine
ordentliche Aufregung, so daß Erwachsene und auch
kleine Kinder, die noch nicht zur Schule gingen, herbei-
eilten, um bei dem Spaß zuzugucken.

Als Duncan sah, daß die Kleinen anfingen zu frieren,

schlug er vor, sie sollten hinter ihm herlaufen und ihn fangen. Wer ihn fing, sollte ein Stück Seife als Belohnung bekommen. Im Eifer des Gefechts stolperte eins von den Kindern und fiel hin. Die anderen lachten über seine Tolpatschigkeit, und das Kind begann zu weinen. Sofort wurde Unwillen in der Zuschauermenge laut, und schon erschien ein Gewehr. Der Vater des Kindes, rasend darüber, daß sein Kind „beschämt" worden war, schloß nach Indianerlogik, daß das nicht passiert wäre, wenn Duncan die Kinder nicht aufgefordert hätte, hinter ihm dreinzulaufen. Duncan war der Schuldige. Er legte an, und das Unglück wäre passiert, wenn nicht jemand geistesgegenwärtig den Lauf nach unten gedrückt hätte, so daß der Schuß in den Boden fuhr, ohne Schaden anzurichten. Der Indianer hielt das Gewehr nach unten gedrückt, bis andere ihm zu Hilfe kamen und den Mann, der völlig außer sich war, entwaffneten.

Duncan war sich der Gefahren wohl bewußt, die ihm drohten; trotzdem begann er allmählich, sich freier und weiter weg vom Fort zu bewegen. In diesem Sommer kaufte er ein Kanu und stattete es so aus, daß es seetüchtig war. Als Paddler wählte er die ältesten und zuverlässigsten seiner Schüler. Als er dann einen Steuermann brauchte, war er vorsichtig genug, sich einen älteren Mann zu nehmen, dem er körperlich überlegen war. Ihn würde er wahrscheinlich überwältigen können, wenn es ihm etwa einfallen sollte, ihn während der Übernachtung anzugreifen.

Auf diesen Wasserfahrten entdeckte Duncan die Schönheit des wilden Landes. Das verfilzte Unterholz des Waldes machte eine Erforschung zu Lande zu einem schweren, sehr ermüdenden Kampf, während das Dahingleiten in einem Kanu angenehm und erholsam war. Das Kanu war vorzüglich. Es glitt leicht über das Wasser und konnte in

Küstennähe gegen mäßige Winde gepaddelt werden. Und mit zwei Quadratmetern Segel aus Zedernborke jagten sie vor jeder steifen Brise daher. Manchmal hatten die drei jungen Paddler nichts weiter zu tun, als die alten Kanu-Songs zu singen.

Es gab unzählige kleine Buchten zu entdecken. Die Indianer waren Meister in der Kunst, die Paddel so lautlos ins Wasser zu tauchen, daß kein Bär sie hörte und Duncan unbemerkt den Balgereien der jungen Tiere zuschauen konnte. Manchmal war ihm sogar der seltene Anblick der ihre Possen treibenden Seeotter vergönnt.

Ein wenig von der Küste entfernt warteten andere Überraschungen. Glänzende schwarze Kormorane ruhten sich vom Fischen aus, indem sie eine Art Ritt auf treibenden Holzstücken vollführten. Manchmal entdeckte er den großartigsten Wasservogel, den Blauen Reiher, in Gemeinschaft mit Raben und Adlern an den seichten Stellen der Lachsflüsse.

Nur wenige Meter vom Ufer entfernt war der Wald so unzugänglich wie eh und je, aber am Waldrand gab es genug günstige Anlegeplätze oder Buchten mit dunklem Sand, auf den das Kanu heraufgezogen werden konnte, um in der Nacht sicher vor dem Abtreiben zu sein. Um ein Lager aufzuschlagen, bedurfte es keiner großen Anstrengung. Es genügte, ein Lagerfeuer aus Schwemmholz anzufachen und eine Decke über das dicke, weiche Moos unter einer gastfreundlichen Tanne zu breiten. In regnerischen Nächten setzten sie rasch Matten aus Zedernrinde auf Pfähle und waren wunderbar geschützt. Der Regen verstärkte den würzigen Duft der nassen Bäume, der Wind spielte seine Melodie in ihren Kronen, die ganze tropfende Wildnis sang ein besänftigendes Schlaflied für Duncan in seiner kleinen, wassergeschützten Hütte.

64

Im Frühjahr 1860 glaubte Duncan, er habe nun das Vertrauen von so vielen Indianern, daß er es sich erlauben könne, eine längere Reise zu den Fischgründen des Nass River zu wagen. Zwar hatten immer noch nur verschwindend wenige der Tsimshians mehr als einen Schimmer von Verständnis für seine Hoffnungen und Wünsche, aber die meisten von ihnen hatten doch wenigstens ihre gefährliche abergläubische Haltung gegen ihn aufgegeben, so daß er sich nun sicher zwischen ihnen fühlen konnte — der einzige Weiße zwischen Tausenden von Indianern.

Ehe der Fischfang begann, unterhielten die Tsimshian-Stämme vom Fort Simpson die Nass-River-Stämme mit einem Friedenstanz. Diese Darbietung sollte freundschaftliche Beziehungen zwischen den Stämmen herstellen, die sich in die Fischgründe teilten. Die Häuptlinge selbst tanzten ihn, indem sie Adlerfedern in der üblichen Friedensgeste über ihren Köpfen schwangen.

Während diese Feierlichkeiten stattfanden, fuhren Robbenjäger bis zur Mündung des Flusses, um dort nach den ersten Spuren des Oolakan zu fahnden. Öfters am Tage wurde ein Haarseehund gespeert und sein Mageninhalt untersucht, um festzustellen, ob sich darin vielleicht schon Reste von Candlefisch befanden. Als das der Fall war, wurden die Feiern beendet, und alle Familienmitglieder trafen die Vorbereitungen für die Jagd, die in den nächsten Tagen aufging.

Jetzt endlich hatte Duncan Gelegenheit, die Wanderung der Oolakan mit eigenen Augen zu sehen, die Wanderung des kleinen Candlefisches, der von so lebenswichtiger Bedeutung für die Tsimshians war.

Der Fisch, 25—30 Zentimeter lang, sieht dem Stint ähnlich. In der Bratpfanne schmilzt er weg wie ein Butterklumpen, aber getrocknet und mit einem Docht versehen brennt er wie eine Kerze. Mitte März kamen sie in Mil-

5 Metlakatla

lionenschwärmen durch einen Meeresarm und drängten über eine Sandbank in den Nass River. Entlang der Ufer und auf dem Fluß selbst wurde er von den Indianern jubelnd begrüßt. „Ihr seid alle Häuptlinge! Jeder von euch ist ein Häuptling!" Unter Gesang und Geschrei füllten sie ihre Kanus mit dem silbern schimmernden Fisch. Sie benutzten Netze, Körbe, auch die bloßen Hände. Jeder suchte von dem schlüpfrigen Fisch zu ergattern, was er nur konnte.

Vor der Sandbank mußten die Kanus gegen die Wirbel und Strudel und die heftig stromab blasenden Winde von drei und mehr Paddlern festgehalten werden, während mindestens zwei Männer das Wasser mit dem Fischrechen durchkämmten. Das ist ein langer Schaft, an dessen Ende scharfe Knochenzähne von 60 bis 90 Zentimeter Länge befestigt sind. Der Rechen wurde durch das Wasser gezogen, die Fische spießten sich an den scharfen Zähnen und wurden dann vom Rechen in das Kanu geschüttelt. Seemöwen kreisten und flatterten in Scharen über den Kanus. Sie kreischten, lärmten und tauchten, um sich ihren Anteil an der Beute zu holen. Manchmal schnappten sie sich einen Fisch direkt vom Fischrechen weg.

Den Fischschwärmen, die den Fluß hinaufzogen, folgten viele hungrige Räuber: Otter, Schildkröten, Seelöwen, sogar Mörderwale bahnten sich ihren Weg durch das Wasser auf der Verfolgungsjagd. Die Luft war erfüllt von kreischenden Möwen, krächzenden Krähen, stolz über dem kleinen Getier kreisenden Adlern.

Jeder Haushalt brauchte zwischen fünf und zehn Tonnen Fisch, um durch den Winter zu kommen. Daher mußte fast ohne Pause gearbeitet werden, solange der Zug dauerte. Wenn die Fische aus dem Wasser geholt waren, wurden sie in großen, aus Tannenwurzeln geflochtenen Körben an Land getragen und dort in großen Haufen an den Feuerstellen gestapelt, wo sie sich teilweise bereits zu zersetzen begannen, ehe der Kochprozeß anfing. Die äußerste Sorge wurde auch bei diesem Fisch darauf verwendet, seinen Geist nicht zu beleidigen. Aus diesem Grunde wurde der erste Fang mit besonderer Feierlichkeit behandelt.

Zunächst wurde eine Frau gewählt. Sie mußte mittleren Alters und sehr ernst und würdig sein. Sie trug bei dieser Gelegenheit einen großen Hut, der aus Tannenwurzeln geflochten war, und lange Handschuhe ohne Finger. Etwa fünfzig Candlefische wurden auf eine hölzerne Stange gespießt, die die Frau über einem besonderen Feuer, das mit Tannenrinde erhalten wurde, rösten mußte. Es war wichtig, daß das Feuer so in Gang gehalten wurde, daß es während des Röstvorgangs nicht neu wieder angeblasen werden mußte. Das hätte Unglück bedeutet, insofern, als man glaubte, das Anblasen könne einen Nordwind heraufbeschwören, der dann den Nass River entlangblies und die Kanus hätte beschädigen können.

Wenn die Fische appetitlich braun waren, wurden sie auf einer sauberen Zedernmatte angerichtet und unter die an der Zeremonie teilnehmenden Indianer verteilt. Alle stießen den Ruf „Loowa!" aus, was etwa heißt: „Zu Ehren des Oolakan!" Jeder Fisch wurde von der flachen Hand gegessen, er mußte sehr heiß sein, aber man durfte ihn zur Abkühlung nicht blasen, das würde bestimmt einen Sturm nach sich ziehen. Keiner durfte auch nach dem Essen trinken, er mochte so durstig sein, wie er wollte. Das hieße einen Regen heraufbeschwören und den Fischfang verderben. War diese Zeremonie vorüber, wurden viele Fischbündel in große hölzerne Wasserbottiche geschüttet und gekocht, indem man glühende Steine in das Wasser warf. Das Fischfett wurde abgeschöpft, der Rest in Weidenkörbe getan und das Fett über die kochendheiße Masse geschüttet. Jeder, ob jung oder alt, alle hatten die Hände voll zu tun, den Fang in verschiedener Weise zu verarbeiten. Kinder mußten Fische auffädeln und zum Trocknen aufhängen, während junge Burschen Feuerholz schnitten und bei der Herstellung von Vorratsbehältern für das Fischfett halfen.

Stämme, die weit oben am Nass River wohnten, kamen auch zu seiner Mündung, um zu fischen und gleichzeitig mit den Tsimshians zu handeln. Duncan konnte sich mit einigen von ihnen verständigen. Die Nachricht von der Schule des weißen Mannes bei Fort Simpson hatte sich längst ausgebreitet. Geschichten von seiner Wirksamkeit drangen bis ins Landesinnere und erfüllten die dort lebenden Indianer mit Staunen und Bewunderung.

Nachdem die Oolakanwanderung zu Ende war, kehrten auch die Indianer nach Fort Simpson zurück. Dann begann die arbeitsreiche Sommerzeit, in der weiter gefischt, Beeren gesammelt und alles für den Winter vorbereitet wurde. Schon hieß es, die ersten Heilbuttschwärme seien gesichtet worden, und kurze Zeit später begann auch der rote Lachs seine Wanderung über den Skeena River.

Da das Dorf wieder einmal vollständig verlassen war, schloß Duncan seine Schule den Sommer über und bereitete sich für seine erste größere Reise vor. Drei Jahre war er jetzt hier. Es schien nun an der Zeit, sich wieder einmal in der Welt umzusehen. Außerdem war von Gouverneur Douglas Nachricht gekommen, daß die „Otter" auf ihrer Frühjahrsreise eingetroffen sei und der Admiral sich sehr über einen Besuch von Duncan freuen würde. Er habe ferner von dem großartigen Werk gehört, das er in Fort Simpson begonnen habe, und bat Duncan, ihm bei dem Plan zu helfen, auch die Indianer um Fort Victoria zu christianisieren. Es würde immer schwieriger, sie unter Kontrolle zu halten.

Victoria war keineswegs mehr der gemütliche, stille Ort, den Duncan vor drei Jahren verlassen hatte. Der Goldrausch von 1858 hatte mächtige Veränderungen mit sich gebracht. Der Waldpfad von Esquimalt nach Victoria hatte sich in eine breite, holprige Straße verwandelt, auf der sich die Indianer vom Nootka Sound in beiden Richtungen hin und her bewegten. Hin und wieder fand sich auch ein verkommener Weißer unter ihnen, Strandgut vom Goldrausch. Beinahe bei jeder Biegung stieß Duncan auf eine Spelunke, in der Schwarzhandel getrieben und Diebesbeute gehandelt wurde und so mancher Indianer in völliger Trunkenheit dahindämmerte.

Ursprünglich hatte die Hudson's Bay Company das Handelsmonopol in dem ganzen nordwestlichen Territorium innegehabt. Das war aber widerrufen worden, darum konnte jeder handeln, der wollte. Das nutzten vor allem die Siedler aus, die sich von überall her hier gesammelt hatten. Die weiße Bevölkerung war auf über dreitausend Menschen angewachsen. Das alte Fort hatte man aufgegeben. Es verfiel langsam. Die kleine Stadt Victoria aber tat ihre ersten Schritte auf dem Weg zur bedeutendsten Stadt Westkanadas im 19. Jahrhundert. Damit wuchsen auch die Aufgaben des Gouverneurs, und er hatte alle Hände voll zu tun. Er war nicht nur für Victoria und Vancouver Island verantwortlich. Er mußte auch für Gesetz und Ordnung auf dem Festland sorgen. Er war nun gleichzeitig Gouverneur von Vancouver Island und Britisch-Kolumbien und damit die wichtigste Figur in der frühen Geschichte des Nordwestens.

Der Gouverneur hieß Duncan ebenso herzlich willkommen wie Reverend Cridge und die anderen Freunde, die immer gefürchtet hatten, sie würden Duncan nicht mehr lebend wiedersehen. Er stand dem Gouverneur gerne bei seinen Vorhaben, den Indianern zu helfen, mit Rat und

Tat zur Verfügung und machte genaue Pläne dafür. Die Regierung war damit einverstanden. Hätte er sie auch selbst verwirklichen können, hätten sie wohl auch Erfolg gehabt. Aber die Menschen, denen man die einzelnen Aufgaben übertrug, ließen es bald an der nötigen Sorgfalt und vor allem an Geduld fehlen, und deshalb wurden die Pläne bald als undurchführbar aufgegeben.

Als Duncan im September die Rückreise antrat, bekam er von Gouverneur Douglas den offiziellen Auftrag, die im nördlichen Teil von Britisch-Kolumbien wohnenden Indianerstämme davon abzuhalten, ihre Frauen nach Victoria zu schicken. Im Zuge dieses Auftrages und weil er selbst schon längst gern eine Fahrt an den oberen Nass River gemacht hätte, begann er gleich mit den Vorbereitungen dafür. Der obere Nass River war kein ungefährliches Fahrwasser. Das wußte Duncan. Es gab mächtige Stromschnellen und heimtückische Strudel. Daher konnte er unmöglich die Fahrt nur mit seinen Schülern als Paddler unternehmen. Ohne einen kräftigen Mann, der das Fahrwasser kannte und als Steuermann mitfuhr, konnte er die Fahrt gar nicht erst antreten. Duncan war daher ebenso erfreut wie auch erstaunt, daß sich einer der Häuptlinge als Lotse und Steuermann anbot.

Als sie ein gutes Stück stromauf gekommen waren, erschienen Boten eines Häuptlings, dessen Stamm in der Nähe der Anlegestelle seine Wohnsitze hatte. Sie luden Duncan zu einem Tanz zu seinen Ehren ein. Duncan zweifelte nicht an der freundlichen Absicht, aber er wollte die Einladung nicht annehmen.

Die Boten entfernten sich, kehrten aber bald mit einer neuen Botschaft zurück.

„Der weiße Häuptling muß kommen. Kommt er nicht zu mir, will ich seine Worte auch nicht hören. Aber wenn e r kommt, will ich auch zu ihm kommen und ihn hören."

Duncan wußte nicht recht, was er tun sollte. Ein Missionar, der freiwillig einer Einladung zu einem rituellen Tanz folgte, das war unerhört! Wie sollte man das jemandem erklären, der die Verhältnisse und Situationen nicht kannte! Aber er besprach sich vernünftigerweise mit seiner Mannschaft. Sie rieten ihm dringend hinzugehen, seine Weigerung könne der Häuptling nur als Beleidigung auffassen, und daß daraus nur Unheil entstehen konnte, lag auf der Hand. Duncan sah ein, daß er hier einmal nachgeben mußte, und ging mit seiner Mannschaft zum Haus des Häuptlings. Als er den großen Raum betrat, der ganz ähnlich eingerichtet war wie die Häuptlingshäuser an der Küste, wurde er feierlich zu einem Ehrensitz geleitet. Es war ein außergewöhnlich reich geschnitzter und bemalter Stuhl mit einer Rückenlehne; über den Sitz war ein Bärenfell gebreitet. Duncan ließ sich steif darauf nieder. Er entschied sich dafür, eine strenge, unbewegte Haltung während der Tanzhandlung beizubehalten.

Er blickte gerade auf ein Segel, das wohl einen Bühnenvorhang darstellte. Plötzlich trat ein wundervoll gekleideter Indianer mit einem langen Stab in der Hand vor den Vorhang, verbeugte sich vor Duncan und sagte:

„Sei willkommen, Häuptling."

Dann trat ein zweiter Indianer neben den ersten und begann zu singen:

„Beginnen die Himmel
zu wenden die Herzen
unserer Völker?"

„Mögen sie es tun,
oh, mögen sie es tun",

antwortete der andere und schlug den Takt mit dem Stab.

Eine Gruppe Indianer, die an der Seite neben der Bühne saßen, fielen in den Gesang ein, unisono griffen sie die Frage des ersten Sängers auf und beantworteten sie. Während des feierlichen Gesanges wurde der Vorhang beiseite gezogen. Auf der Bühne stand der junge Häuptling, eine prachtvolle Erscheinung, wunderbar anzusehen in seinem Festkleid. Mit anmutigen Bewegungen schritt er vorwärts und grüßte Duncan. Dann hob er den Blick zu dem Stück des Himmels, das durch den Rauchfang sichtbar war, und sang in seiner melodiösen Sprache:

„Mächtiger Vater! Mächtiger Vater des Himmels! Du hast uns einen Brief gesandt. Dein Brief hat uns erreicht. Wir, deine Kinder hier, haben ihn erwartet. Dein Diener hat ihn hierher getragen. Hilf ihm, uns zu lehren, hilf uns, zu hören. Dieser Häuptling ist gekommen, von dir zu uns zu sprechen. Das ist gut! Das ist gut! Mächtiger Vater, wir hören!"

Während dieses getragenen Gesanges tanzte er in gemessenen Schritten. Hin und wieder fiel der Chor ein, schlug in die Hände und wiederholte seine Worte.

Duncan konnte kaum fassen, was er da sah. Das war weit entfernt davon, ein wilder Heidentanz zu sein. Das war ein bewegendes Gebet, umgesetzt in Musik und Bewegung. Die Anmut der Bewegungen und die Schönheit des Gesanges rührten Duncan das Herz. Eine Woge von Zuneigung für diese Indianer überflutete ihn.

Wie versprochen, erschien der Häuptling mit den Dorfbewohnern am nächsten Morgen bei seinem Zelt, und sie hörten seine Predigt und seinen Gesang, dem sich seine Mannschaft anschloß. Am nächsten Tage kamen viele noch einmal zu ihm und baten, er möge ihnen etwas aufschreiben, damit sie es bewahren und immer wieder anschauen könnten. Sie wollten es auch als Hilfe benutzen in ihrem Kampf gegen den Alkoholmißbrauch. Als Bürgschaft setzte jeder Indianer sein Zeichen unter das Schriftstück, faltete es sorgfältig und nahm es mit.

Auf dem Rückweg bedachte Duncan tief in Gedanken verloren den Empfang, der ihm hier bereitet worden war. Er hatte eine tiefgehende unauslöschliche Erfahrung gemacht. Er stellte sich das Ritual der Kirche von England vor und verglich es mit dem, was er hier gesehen hatte. Er konnte sich schwer vorstellen, daß eine sogenannte zivilisierte Gemeinde einen ernsthafteren und ergreifenderen Ausdruck der Verehrung finden könnte als den, den er erlebt hatte. Er spürte darin die Tiefe der Sehnsucht, die den „Wilden" beseelte, über sich selbst hinauszukommen. Mehr als je zuvor wurde er in seiner Überzeugung bestärkt, daß die Indianer im Innern mit dem gleichen Funken des Menschseins begabt waren wie die Weißen und sich nichts sehnlicher wünschten, als behandelt zu werden wie des weißen Mannes Bruder. Nicht sein Wesen war nicht entwickelt, sondern nur die Qualität seiner Erfahrung. Duncan schwor sich, mit Gottes Hilfe einen Weg zu suchen, der ihnen diese Erfahrungen in der richtigen Form als dauerhafte Errungenschaft ermöglichte.

Duncan gestand sich ein, wenn auch ohne Überheblichkeit, daß die Erfolge bei den Indianern zunächst auf der Wirkung seiner eigenen kraftvollen Persönlichkeit beruhten. Aber „William Duncan" zur Geltung zu bringen, war gewiß nicht seine Aufgabe und ebensowenig sein Wunsch. Er wollte die Indianer ein Gottvertrauen lehren, das ihnen in jeder Situation Kraft gab und jeder Versuchung standhielt. Was er für sie wollte, waren Wirkungen, die von seinem Leben unter ihnen unabhängig und dauernd waren.

Als sein Kanu die Sandbank an der Mündung des Flusses überwunden hatte und südwestlich in das Portland Inlet hineinruderte, hatte Duncan einen neuen Plan gefaßt. Es war ein riskantes Manöver, das eingehende und genaue Überlegungen verlangte. Aber es schien ihm eins zu sein, das ihn endlich doch seinen Vorstellungen von seiner Arbeit, zu der er sich gerufen fühlte, näher brachte. Während der letzten Tage der Reise war er völlig von diesen neuen Plänen beansprucht.

XIII.

Der Herbst 1860 ging zeitig in den Winter über. Nach seiner Rückkehr vom Nass River eröffnete Duncan nun im dritten Jahr seine Schule. Kaum hatten sich seine Schüler wieder an den regelmäßigen Schulablauf gewöhnt, als schon der Westwind von der Arktis ins Land blies. Die Winde sausten über die langen Wogen des Nordpazifiks, saugten sich mit Nässe voll und trieben salzigen Gischt und dicke Nebelschwaden in die Wälder. Der Regen rann an den zerfurchten Stämmen der Riesenbäume herunter und schüttete glitzernde Tropfen über die breiten Blätter des Stinkkohls und der Kletten. Unter den tropfenden Bäumen gedieh das Moos besonders üppig und bot den Mardern und Nerzen ein besonders weiches Ruhekissen. Die schwarzen Bären zogen sich zum Winterschlaf in ihre Höhlen zurück. Die munteren Schwarzschwanzhirsche kamen die schmalen Bergpfade heruntergesprungen, um die Heidelbeerbüsche abzuweiden, die so hoch waren, daß oft nur ihre Köpfe herausschauten. Im Laufe des Winters fanden sich immer mehr Schüler in Duncans Schule ein. So ernsthaft er sich mit ihren wilden, blutrünstigen Riten auseinandersetzte, niemals wandte er ohne Not etwas gegen ihre familiären Gewohnheiten ein, geschweige, daß er sie etwa lächerlich machte. Immer war er darauf bedacht, den ausgeprägten

Sinn der stolzen Tsimshians für Würde nicht zu verletzen. Nie verfiel er in den Fehler, sie mit Herablassung zu behandeln, und sie spürten, daß er ihnen helfen wollte. So begannen unter seinen behutsamen Bemühungen die wilden Riten ihre Bedeutung langsam einzubüßen, für seine eifrigsten Schüler sie schließlich ganz zu verlieren.

An der Neujahrsfeier, zu der Duncan ein Schulfest mit Aufführungen, Gesang und Spiel vorbereitet hatte, nahmen mehr als 250 Indianer teil. Dabei stellte sich heraus, daß für solche Gelegenheiten das Schulhaus eigentlich zu klein war. Deshalb wurde beschlossen, im Frühling ein neues Schulhaus zu bauen. Diesmal arbeiteten die Indianer nicht nur mit, sie bezahlten auch dafür.

Am ersten Sonntagsgottesdienst in dem neuen Gebäude nahmen vierhundert Menschen teil. Es war die größte Versammlung, die Duncan jemals zusammengebracht hatte. Lange Zeit hatte Duncan zweimal wöchentlich Unterricht für diejenigen gehalten, die sich taufen lassen wollten. Im Frühjahr gingen die ersten neunzehn Erwachsenen mit vier Kindern zur Taufe. Die Kinder gehörten in die getauften Familien. Andere nahm Duncan gar nicht erst auf, um unnötige Gegensätze zwischen Eltern und Kindern aus religiösen Gründen nicht aufkommen zu lassen. Es hätte noch manchen anderen gegeben, der sich hätte taufen lassen wollen, wenn sie nicht die Rache von ihren immer noch wilden Verwandten gefürchtet hätten. Andere wieder meinten von sich selbst, sie seien doch noch nicht genügend vorbereitet. Sie baten Duncan, zu warten, bis sich ihr Verständnis noch erweitert hätte.

Durch die intensive Vorbereitung bewahrte er das Sakrament der Taufe sorgsam davor, daß es sich in eine magische Formel verwandelte. Er wollte keinen Indianer taufen, der die symbolische christliche Handlung der Taufe als eine Zauberkraft ansah, die ihrem alten Zauberglau-

ben entsprach. Ebensowenig lag ihm daran, seine Berichterstattung nach London mit großen Zahlen getaufter Indianer aufzuputzen. Die hätte er leicht haben können. Die
indianische Begeisterung am Singen war so groß, daß
selbst von ihrer Sache noch völlig überzeugte Medizinmänner die Gesangbuchlieder begeistert mitsangen. Ihre
Vorliebe für Tabak war genauso groß. Für ein paar Stunden Singen und ein paar Pfeifen voller Tabak für jeden
hätten sich sämtliche Indianer aller neun Stämme taufen
lassen.

Da Duncan kein ordinierter Geistlicher war, bat er
einen Pfarrer aus Victoria, nach Fort Simpson zu kommen
und den Indianern das Sakrament zu spenden. Der Bischof
von Victoria kam selber — mit erheblichen Zweifeln. Er
prüfte jeden Täufling auf Herz und Nieren, und dabei
schwand sein Mißtrauen zusehends.

Die ernsthafte Haltung der Indianer war ein eindrucks-
voller Anblick. Im schwachen Licht der Schulhauslampe
wirkten sie zwar mit ihren geweißten Gesichtern, aus
denen ihre dunklen Augen über den hohen Backenkno-
chen funkelten, und mit ihrem langfließenden, glänzenden
Haar wie für die Bühne zurechtgemacht, aber der hin-
gegebene Ausdruck widersprach jedem Theater ebenso
wie den vorurteilsvollen Vorstellungen von „wilden Eingeborenen". Die Antworten der Täuflinge waren intelli-
gent und überzeugend. Sie bekundeten ihre ehrliche Be-
reitschaft zur Anbetung und zum Dienst für Gott in ihrer
eigenen ausdrucksvollen Sprache. Duncans Herz war voll
Freude. Wie gut erinnerte er sich noch an jenen Junitag
vor drei Jahren, als er das erste Mal zu ihnen gesprochen
hatte! Wie einsam und verzagt hatte er sich damals in der
Nacht gefühlt, als er sich hatte eingestehen müssen, daß
niemand auch nur das geringste von dem verstanden
hatte, was er sagte. Aber jetzt spürte er, daß er auf dem

richtigen Wege war. Jetzt war er nicht mehr ein einsamer Rufer in der Wüste. Er hatte Menschen gefunden, die mit ihm bereit waren, Gott für alles zu loben, was er den Menschen getan hatte.

Aber das Hochgefühl schwand leider sehr schnell. Er mußte erleben, daß man die Neugetauften lächerlich machte und ihr doch noch längst nicht gefestigter Glaube den schwersten Versuchungen ausgesetzt war. Namentlich die jungen Leute hatten es schwer, standhaft zu bleiben. Er war zeitweise der Verzweiflung nahe, wenn einer der Jungen wieder in die alte Lebensweise zurückfiel. Und das schlimmste war, daß diese Rückfälle fast immer mit dem Genuß von Alkohol zusammenhingen. Den Alkohol brachten die gelegentlich vorbeikommenden Händler. Selbst der Hudson's Bay Company war es nicht möglich, diese wilden Händler unter Kontrolle zu bringen, denn Handelsschiffe erschienen immer öfter vor Fort Simpson.

Eines Morgens, als er zur Schule ging, bemerkte Duncan zwei Schiffe im Hafen. Über dem einen flatterte die amerikanische, über dem anderen die russische Flagge. Als er in der Schule die Namensliste durchging, fehlte Wah-Tee-Bo, ein dreizehnjähriges Mädchen.

„Wo ist denn Wah-Tee-Bo? Ist sie krank?" fragte Duncan. Das Mädchen gehörte zu seinen besten Schülern und half ihm schon oft bei den Kleinen. Die Mitschüler schienen nichts zu wissen.

Nach der Schule ging Duncan zu dem Haus, in dem Wah-Tee-Bo wohnte.

„Ist Wah-Tee-Bo krank?" fragte Duncan ihren Onkel, denn ihre Eltern waren tot, und sie lebte bei den Verwandten ihrer Mutter.

„Nein, sie ist nicht krank", antwortete der Indianer und drehte sich von Duncan weg, um anzuzeigen, daß die Unterhaltung für ihn zu Ende war.

Aufkommende Unruhe und Geflüster machten Duncan mißtrauisch.

„Was ist denn los mit dem Mädchen?" Duncan stellte die Frage jetzt an alle, die da herumstanden.

Das Flüstern verstärkte sich. Endlich entschloß sich der Onkel zur Antwort. „Die russischen Händler haben sie gekauft. Sie nehmen sie mit nach Victoria."

„Nein! Um Gottes willen, nein! Weißt du denn, was du getan hast?"

Die Ausreden des alten Indianers wartete er gar nicht erst ab, er stürzte von dem Haus weg und rannte zum Hafen. Der russische Schoner war fort! Duncan jagte zum Landeplatz, wo die Kanus lagen. Dort arbeiteten einige von den Indianern an einem Boot. Duncan rief schon von weitem:

„Wie lange sind die Russen schon fort? — Gut! Mit Segeln muß es sich machen lassen — der Wind ist günstig für uns. Geht, macht mein Boot fertig. Ich laufe nach Hause und hole Geld und einen Mantel. Sieh zu, daß du noch drei Paddler mehr auftreiben kannst!"

Als Duncan in großen Sprüngen zum Landeplatz zurückkehrte, hatte das Kanu Segel gesetzt und war fertig zum Aufbruch. Bald hatten sie den Hafen hinter sich und schossen auf die Durchfahrt zwischen dem Festland und Finlayson Island zu.

Nach ein paar Stunden sichteten sie den Schoner. Nach einer weiteren Stunde überholten sie ihn in dem Augenblick, als er sich südwestlich nach Clatham Sound wandte. Das Kanu ging längsseits, die Mannschaft schrie, um sich bemerkbar zu machen, und in wenigen Minuten war Duncan an Bord gezogen. Er vertrödelte erst gar keine Zeit, sich mit den Russen in Auseinandersetzungen einzulassen. Er kaufte seine junge Schülerin einfach zurück.

Am nächsten Tag jedoch hielt er Wah-Tee-Bos Verwandten eine Standpauke, die sie nicht so schnell vergessen würden.

Geschehnisse dieser Art und schlimmere bestimmten Duncan, den Plan, den er im vorigen Jahr bei seiner Fahrt vom Nass River nach Hause gefaßt hatte, bekanntzumachen. Er sah ein, daß ihm keine andere Wahl blieb, wenn er seine Anhänger bei der Stange halten wollte: Er mußte sie aus ihrer bisherigen Umgebung herauslösen. Er beschloß, bei der nächsten Versammlung den Plan vorzutragen. Doch noch ehe es soweit war, kam ein alter Häuptling zu ihm und entwickelte zu seiner größten Überraschung den gleichen Gedanken.

„Wenn du diese Menschen wirklich gut und glücklich machen willst", sagte der weise alte Mann, „dann mußt du sie hier wegbringen."

Nun hatte er keine Hemmungen mehr und setzte sich mit aller Überzeugungskraft, die ihm zu Gebote stand, für seinen Plan eines Ortswechsels ein. Er wollte mit ihnen einen Platz suchen, an dem sie ein Dorf für sich bauen konnten, ein Modell für ein christliches Dorf, in dem sie den Versuchungen des Alkohols nicht ausgesetzt waren, in dem sie Gott verehren konnten in ihrer Weise, wo sie weder das Ziel des Gespötts noch der Rache von Andersdenkenden waren, wo sie den Sonntag heiligen konnten wie alle Christen.

XIV.

Die bereits getauften Indianer und die, die regelmäßig zum Unterricht kamen, waren rasch davon zu überzeugen, daß es für sie das beste wäre, sich aus der Nachbarschaft von Fort Simpson zu lösen. Die Entscheidung, das Dorf zu verlassen, war bald getroffen; schwerer war es, sich für einen neuen Ort zu entscheiden.

Zuerst gab es so viele Vorschläge wie Indianer und nur Verwirrung, aber nachdem man Kundschafter an die einzelnen Plätze gesandt hatte, schränkte sich die Auswahl auf drei oder vier ein, die in Frage kamen.

Einer von ihnen hatte schon einen Namen. Er hieß Metlakatla, was so viel bedeutet wie: ein schmaler Meeresarm mit einem Durchlaß ins offene Meer. Metlakatla lag etwa siebzehn Meilen südlich von Fort Simpson. Dort hatte einmal das Dorf ihrer Ahnen gestanden, das man aber um 1834 verlassen hatte, weil man sich das Leben in der Nachbarschaft von Fort Simpson, dem Handelsmittelpunkt der ganzen näheren und weiteren Umgebung, einfacher und angenehmer vorstellte.

Duncan besichtigte Metlakatla an einem dieser Tage, an denen die Landschaft ihr Aussehen unaufhörlich ändert. Glänzende Sonnenbahnen flimmerten auf dem Wasser, Wolkenwirbel und -streifen trieben über den Himmel — ein bewegtes Licht- und Schattenspiel.

Als sie in den schmalen Meeresarm hineinglitten, waren die nächsten Inseln fast schwarz im Schatten. Das ruhige Wasser spiegelte in kleinen Buchten die dunkle Küstenlinie, während hoch über dem dichten Wald die Schneekappen der weiter zurückliegenden Berge sich in einem wirbelnden Schleier von Wolkenfetzen verloren. Die tiefe Stille wurde nur von Vogellauten durchbrochen. Raben stießen herab und krächzten zwischen den Baumkronen, Seemöwen machten ihre Rundflüge über der Küste, Schnepfen und Brachvögel schossen am Ufer hin und her. Duncan bemerkte eine sandige Bucht und hielt sie für einen ausgezeichneten Landeplatz für die Kanus.

Der Hafen lag geschützt. An den Vorbergen gab es

Landstriche, die schon in früheren Zeiten gerodet worden waren und sich gut zur Anlage von Gärten für die neuen Siedler eigneten.

In der nächsten Versammlung entschied man sich zum Umzug nach Metlakatla. Der Enthusiasmus der kleinen Schar der Auswanderer wirkte so ansteckend, wenn sie voll Eifer ihre Pläne machten und besprachen, daß auch andere den Gedanken einer Umsiedlung anfingen verlockend zu finden. Aber die Halbherzigen wollte Duncan nicht mitnehmen. Man mußte einen dicken Strich unter die Vergangenheit machen und ganz neu beginnen. Die Anforderungen, die das neue Leben stellen würde, waren so hoch, daß viele, die nur interessiert waren, sie nie hätten erfüllen können.

Duncan hatte eine Folge von Regeln entworfen, zu deren Einhaltung sich jeder erwachsene Indianer verpflichten mußte, ehe er Mitglied der neuen Dorfgemeinschaft werden durfte.

Die Regeln waren klar und eindeutig.

1. Alles aufgeben, was mit dem Wesen des Medizinclubs zusammenhängt.
2. Nicht den Medizinmann rufen, wenn man krank ist.
3. Aufhören, zu wetten und Glücksspiele zu machen.
4. Aufhören, Verschenkfeste zu feiern, um Rang und Ansehen zu erhöhen.
5. Aufhören, das Gesicht zu bemalen.
6. Aufhören, sich zu betrinken.
7. Am Sonntag nicht arbeiten.
8. Die religiösen Unterweisungen regelmäßig besuchen.
9. Die Kinder in die Schule schicken.
10. Sich sauberhalten.
11. Frieden halten.
12. Fleißig sein.
13. Beim Handel ehrlich und großzügig sein.

14. Hübsche Häuser bauen.

15. Die Gemeindeabgabe für das Dorf zahlen.

Für einen zivilisierten Menschen erscheinen diese Forderungen selbstverständlich. Aber von den Indianern forderten bereits die ersten fünf Regeln die Aufgabe eines früheren Lebensstils. Der drastische Wechsel vom stammesgebundenen Leben mit seinem Gefühl der unverbrüchlichen Zusammengehörigkeit und der mystischen Naturverbundenheit zu dem einsameren, mehr Einzelverantwortung fordernden Leben der Zivilisation bedeutete für das individuelle Durchhaltevermögen der Indianer eine harte Prüfung. Aber Duncan mußte hart sein und durfte den Wechsel nicht einfacher und leichter machen, wenn er Erfolg haben wollte. Kompromisse mit der Vergangenheit durfte er in dem neuen Dorf nicht dulden.

Den ganzen Winter über bereiteten die Auswanderer ihren Umzug vor. Der für das Dorf ausgewählte Platz wurde gerodet und trockengelegt. Im Frühling 1862 begann der Auszug. Das große Schulhaus, wahrscheinlich das erste vorgefertigte Haus in der Wildnis, wurde in seinen Teilen sorgfältig auf ein Floß geladen und nach Metlakatla geflößt. Die Indianer, die das Floß begleiteten, pflanzten am neuen Platz Kartoffeln und errichteten die ersten provisorischen Rindenhütten für die Pioniere.

An einem Nachmittag im späten Mai machten sich die ersten Pioniere auf den Weg. Dicker Nebel zog durch den Wald, und ein Nieselregen fiel leise in das ruhige Wasser. Höchstens ein gelegentliches Wort der Indianer, die die Kanus beluden, durchbrach die gespenstische Stille. Auch von den Indianern, die die Abfahrt beobachteten, war kein Ton zu hören. Ängstlich starrten sie auf die sechs Kanus, die entschlossen ihre Boote in Richtung Metlakatla abstießen. Duncans Blick glitt über die ernsthaften Gesichter, und er fühlte eine Woge des Erbarmens

für die kleine Gruppe der fünfzig Absegelnden über sich
kommen. Er allein wußte, was von ihnen gefordert wurde,
und er wußte auch, jetzt begann ein neues ereignisreiches
Blatt in der Geschichte der Tsimshian-Indianer, und er
hatte die ersten Zeichen darauf geschrieben.

XV.

Von dem Augenblick an, wo die Kiele der sechs Kanus
über den Sand der Bucht von Metlakatla kratzten, fühlte
Duncan eine neue Welle von Energie und Hingabe an
seine Aufgabe über sich kommen. Die Einsamkeit und
Enttäuschungen der vergangenen fünf Jahre schienen ab-
gewaschen von ihm wie der Tang vom Strand nach der
Ebbe. Vor ihm lag meilenweit jungfräuliches Land und
unberührter Wald und die großartige Gelegenheit, einen
neuen Lebensstil in der Wildnis zu schaffen.

Die Kundschafter kannten das Ziel ihres Führers und
billigten es. Sie machten sich sogleich ans Werk. Sie fäll-
ten große Bäume und errichteten aus ihren Stämmen
dauerhafte Häuser, während sie noch in den Hütten aus
Zedernrinde wohnten.

Am Ende jedes Arbeitstages sammelten sie sich an der
Küste zum gemeinsamen Singen und zum Abendgebet.
Aber noch ehe die lange Junidämmerung in Nacht über-
gegangen war, schliefen sie alle — alle, das heißt außer
Duncan, der die Möglichkeit, jetzt auch allein und sicher
in der Nacht draußen sein zu können, in vollen Zügen
genoß. In den fünf Jahren in Fort Simpson hatte er sich
die Erfüllung seines Wunsches, nachts allein herumstrei-
fen zu können, nicht leisten dürfen. Jetzt bewunderte er,

wie das blasse Abendlicht Himmel und Wasser versilberte, wie die Einzelheiten auf den Bergen und den Inseln in violetten Nebelschleiern verschwanden. Langsam dunkelte auch das Wasser, bis nur noch ein zarter Silberstreif die Grenze zwischen Wald und See sichtbar machte. Erst um Mitternacht war alles Licht vergangen, und die schattenhaften Berge standen als Silhouetten vor dem sternenübersäten Himmel. Der Sommerwind strich sanft über die Schwingen der Nachtvögel, deren leiser Flügelschlag in der Stille hörbar war. Erst wenn ihm die Augen vor Müdigkeit zufielen, trennte er sich vom Anblick der zauberhaften nördlichen Sommernacht.

Zwei Wochen waren vergangen, da bemerkte Duncan eines Tages dunkle Flecken vor dem bewölkten Horizont. Seine Augen konzentrierten sich darauf, und er merkte, daß die Flecken größer wurden. Sie bewegten sich, und als sie noch näher kamen, entpuppten sie sich als Kanus, als dreißig lange Kriegskanus, die geradewegs auf die Einfahrt nach Metlakatla zuhielten. Als sie gegen die Landebucht schäumten, sah er, daß sie etwa dreihundert Tsimshians mit allem, was sie besaßen, enthielten — es war fast der ganze Kitlahn-Stamm samt ihrem Häuptling. Mit großer Freude begrüßten die Pioniere ihre Freunde und Verwandten. In einem einzigen fröhlichen Augenblick vervielfachte sich die Bevölkerung der winzigen Siedlung. Sofort wurde mehr Land gerodet, wurden mehr Häuser gebaut und Gartenplätze hergerichtet.

Um in dem geschäftigen quirlenden Treiben Ordnung und Frieden zu halten, brauchte Duncan alle Kräfte. Aber er war gut vorbereitet. Lange genug hatte er sein Modell einer Lebensgemeinschaft in allen Einzelheiten geplant, durchdacht und ausgearbeitet. Jetzt mußte sich zeigen, ob sich seine Pläne in der Praxis bewährten. Mit den Vorstellungen des alten Stammesverbandes wurde gebrochen.

Häuptlinge gab es nicht mehr in Metlakatla. In seinem Plan war kein Platz mehr für ihre Stellung. Für den Anfang lag die Verwaltung und die Regierung allein in seiner Hand. Das war zunächst der einzige Weg, Ordnung zu schaffen und aufrechtzuerhalten.

Seine einzigen Gehilfen waren zwölf indianische Polizisten, die er sich gewählt hatte. Sie hatten für Frieden zu sorgen, dafür, daß keinem Fremden, der zu ihnen gestoßen war, Unrecht geschah, und daß die Bevölkerung sich an die zwar von Duncan aufgestellten, aber von ihnen beschworenen Regeln hielt.

Später vermehrte Duncan die Zahl auf dreißig, und es wurde ein Dorfrat eingesetzt, dessen Mitglieder er sorgfältig auswählte. Dieser Gruppe gab er beratende Funktionen in allen Angelegenheiten, die das Leben des Dorfes betrafen. Die letzte Entscheidung behielt er sich freilich vorerst noch selber vor. Doch später, als sich die Menschen schon besser an die neue Lebensform gewöhnt hatten, lehrte er sie, sich die Mitglieder der Ratsversammlung selber zu wählen.

Da nur wenige Indianer schreiben konnten, mußte er nach einem anderen Weg der Stimmabgabe suchen. Alle ersten Versuche erwiesen sich als zu umständlich. Aber dann erfanden sie gemeinsam eine Methode, mit der zehn Männer in einer halben Stunde gewählt werden konnten. Die Wähler stellten sich mit dem Gesicht zur Wand auf. Ein Name wurde aufgerufen. Wer von den Wählern mit diesem Vorschlag nicht einverstanden war, hielt seine Faust auf den Rücken, bei Zustimmung die geöffnete Hand. Duncan war der Schiedsrichter. Manchmal sah er dabei, wie sich eine geballte Faust leidenschaftlich hin und her bewegte. Zehn oder mehr Fäuste disqualifizierten den Kandidaten.

Während des sommerlichen Fischfanges blieben einige

Indianer im Dorf und rodeten und bauten weiter. Im Herbst 1862 besaß die Siedlung fünfunddreißig Häuser. Nägel und Fenster für jedes Haus hatte Gouverneur Douglas gestiftet. Duncans Wohnung enthielt einen Wohnraum, einen Schlafraum und eine Küche. Die große achteckige Kirche, an deren Bau sich alle beteiligt hatten, faßte 700 Menschen, und alle hofften, daß sie Weihnachten fertig sein würde. Die Kirche hatte nur Kiesfußboden und zwei riesige Feuerplätze mit den üblichen indianischen Öffnungen für den Rauchabzug.

Am Neujahrstag 1863 bezahlten die Einwohner ihre erste jährliche Steuer für das Dorf: eine Decke oder 2,50 Dollar für jeden männlichen Erwachsenen, ein Hemd oder einen Dollar für jeden heranwachsenden Jungen. Die Einnahmen wurden für Einrichtungen im Dorf verwendet, im ersten Jahr für einen mit Planken belegten Weg rings um das Dorf.

Metlakatlas Ruhm begann zu wachsen. Es galt immer mehr als Zuflucht für diejenigen Indianer, die weitblickend genug waren, um den Untergang ihres Volkes vorauszusehen. Kaum eine Woche verging, in der nicht ein Kanu mit neuen Siedlern landete. Vor allem war das Dorf Zuflucht für entlaufene Sklaven, denn Metlakatla erreichen hieß: Freiheit für immer.

Gelegentlich sah man ein Boot steuerlos in der Durchfahrt treiben. Die Indianer wollten natürlich wissen, was es mit einem solchen Boot auf sich hatte. Meist fanden sie dann am Boden des Bootes zusammengesunken einen Sklaven, der vor Hunger und Erschöpfung nicht mehr in der Lage war, den schützenden Hafen zu erreichen. Mit großer Hilfsbereitschaft und Freundlichkeit wurden diese armen Burschen in den Häusern aufgenommen und gepflegt, bis sie wieder bei Kräften waren.

Eines Tages erschien ein besonders auffälliges Boot.

Als es ohne Zögern in die Landebucht einbog, erkannte Duncan, daß es reich verziert war und das Wappen eines Häuptlings zeigte. Er schüttelte ungläubig den Kopf, als er die drei umrißhaften Figuren erkannte, die es beförderte: Häuptling Legaic mit Frau und Tochter, aber ohne jede Bedienungsmannschaft. Lebhaft erinnerte sich Duncan an seine erste Begegnung mit Legaic vor fünf Jahren. Auch damals war er im Kanu gekommen. Aber welcher Unterschied zwischen damals und heute! Damals hatte er majestätisch im Stern gestanden, und Sklaven hatten ihn gerudert.

Diesmal trug Legaic keine königlichen Abzeichen, und mit eigenen Händen zog er das Boot auf den Strand. Nur seine stolze Würde war die gleiche geblieben. Ohne Hast stieg er den Abhang hinauf und begann feierlich zu sprechen: „Vor einigen Jahren entschieden die anderen Häuptlinge und ich, daß es gut wäre, wenn unser Volk die Kenntnisse des weißen Mannes erwerben könnte. Verglichen mit dem Wissen der Weißen waren wir nur unerfahrene Kinder. Wir wußten nicht, wie man am besten lebt, weder hier noch in dem Land, in das wir gehen werden, wenn wir sterben. Darum wollte ich, daß du mein Volk und seine Kinder lehren solltest, in besserer Weise zu leben. Bis du kamst, hatten alle Weißen, mit denen wir zusammenkamen, etwas von uns gewollt. Sie alle schienen nur ihren Vorteil zu suchen. Bis du kamst und Dinge sagtest, die ich nie vorher von einem weißen Mann gehört hatte. Wenn ich bisher mit einem der Händler zu sprechen versuchte, war es mir immer vorgekommen, als spräche ich zu einem Menschen am anderen Ufer eines breiten Stromes, der über Felsen rauscht und so viel Lärm macht, daß kaum ein einziges Wort gehört werden konnte. Aber jetzt stehen die Indianer und der weiße Mann am gleichen Ufer, Auge in Auge und Herz an Herz. Ich habe immer mein Volk geliebt. Ich habe zu ihm gestanden, denn ein Häuptling verläßt auch die schlechten und törichten Menschen nicht in bösen Zeiten. Aber seit du Fort Simpson verlassen hast, kommt immer mehr Unheil durch die Weißen über mein Volk. So viele sind dem Whisky erlegen, Hunderte sind an den Pocken gestorben. Ich habe sie stets beraten, so gut ich vermochte. Aber jetzt will ich schweigen und hören, was du zu sagen hast. Ich hoffe, daß durch mein Beispiel auch die anderen folgen und hören werden."

Zum Zeichen, wie ernst er es meinte, überreichte er Duncan einen beinernen Dolch. Der Griff war prächtig geschnitzt. Er zeigte einen Bärenkopf, zwischen dessen Ohren ein Mensch kauerte. Es war der Dolch, mit dem Legaic Duncan hatte töten wollen.

Duncan war überrascht, aber die Rede hatte auch Eindruck auf ihn gemacht. Er schüttelte Legaic die Hand und versicherte ihm, daß er und einige seines Stammes willkommen seien, vorausgesetzt, sie verpflichteten sich, die Ordnung zu achten, die in der Siedlung galt. Aber hinter seinem freundlichen Willkommen stand doch eine gewisse Furcht, denn Legaic mußte weit mehr an Macht, Ansehen und Vorteilen aufgeben als sämtliche anderen Tsimshians, wenn er den Versuch wagen wollte, diese neue Lebensform anzunehmen. In Metlakatla galten ererbter Rang und Häuptlingswürden nichts. Nur durch eigene Anstrengung, durch Ausdauer und Charakter konnte hier jemand Ansehen gewinnen. Für den Häuptling Legaic sah Duncan einen harten Kampf voraus. Aber dennoch geleitete er ihn voller Hoffnung zum Mittelpunkt des Dorfes.

XVI.

Duncan bestand zwar darauf, daß die Tsimshians ihre Stammeszugehörigkeit aufgaben, wenn sie nach Metlakatla kam, aber er drängte keinen, die alte, äußere Lebensweise zugunsten einer den Weißen abgeguckten aufzugeben, ehe er nicht vollständig darauf vorbereitet und innerlich darauf eingestellt war. Er war sich klar, daß eine Erziehung nur in kleinen folgerichtigen Schritten erreicht werden konnte. Wohl gerade darum wuchsen Verständnis und Wissen. Ein lebhafter Fortschrittsgeist schien in der Luft zu liegen. Es dauerte gar nicht so lange, bis immer mehr Tsimshians die alte Lebensweise aufgaben und sich der neuen zuwandten.

Daraus erwuchs allerdings wieder ein neues Problem. Wenn ein Tsimshian Christ wurde, wurde er materiell gesehen gewissermaßen ärmer, als er als Heide gewesen war. Als Christ wurde er ja kein erfolgreicherer Jäger oder geschickterer Fallensteller oder Fischer. Die neue Lebensart jedoch brachte auch äußerlich manche Forderungen mit sich, ja sie weckte auch manche Wünsche. Früher verarbeitete man die alten Decken zu Kleidern, und das genügte, das genügte auch für das äußere Ansehen. Aber jetzt wollte die Frau ein Kleid für die Kirche haben, die Kinder brauchten Schulkleider und noch andere Dinge. Seine Ausgaben stiegen, aber sein Einkommen blieb das gleiche.

Duncan hatte diese Entwicklung vorausgesehen und sich Gedanken dazu gemacht. Auf dem Highbury College hatte er aufmerksam und kritisch die Methoden der britischen Missionare in Indien und Afrika studiert. Die Mißerfolge mancher Bischöfe, die dorthin gesandt worden waren, hatten oft in ihrer Weigerung gelegen, solche praktischen Folgen zur Kenntnis zu nehmen. Sie hatten gemeint, es genüge, zu predigen, gottesdienstliche oder andere kirchliche Übungen abzuhalten. Duncan merkte bald, daß die Indianer voller dringender Wünsche steckten, die sie oft gar nicht formulieren konnten, aber darin unterschieden sie sich im Grunde kaum von allen anderen Menschen, die ebenso Brot zur Nahrung des Leibes wie für die Seele brauchen. Deshalb machte sich Duncan, der praktische Geschäftsmann, der ehemalige Verkaufsleiter, daran, den Indianern neue Erwerbsmöglichkeiten zu erschließen. Ebenso ermunterte er sie, ihre überkommenen Beschäftigungen weiter zu betreiben und auszubauen. Zunächst einmal bezahlte er die Indianer von seinem geringen Einkommen für ihre Arbeit an seinem Haus, an der Kirche, an allen öffentlichen Einrichtungen wie Wegbau, Trockenlegung von Grundstücken und Herrichtung von Gärten. Dann richtete er eine Seifenfabrik ein. Die Seife wurde aus Oolakanfett hergestellt. Das erfüllte einen doppelten Zweck. Es stärkte ihren Sinn für Sauberkeit und bot eine ständige Beschäftigung für einige Menschen. Dann regte er sie zu besonderen Anstrengungen bei der Aufbereitung von Fellen an, ferner sollten sie Lachs räuchern, Oolakanfett bereiten, Beeren trocknen, und das alles sollte zum Verkauf verschifft werden.

Aber alle diese Anstrengungen, eine differenzierte, zivilisierte politische Gemeinde zu schaffen, zogen auch die Probleme der Zivilisation nach sich. Wenn die Indianer ihre Güter verkaufen wollten, um sich dafür die notwendigen Anschaffungen für ihren neuen Lebensstil leisten zu können, mußten sie nach Fort Simpson. Der Handel ließ sich nur mit den Agenten der Hudson's Bay Company tätigen. Oder aber sie mußten die einlaufenden Handelsschiffe besuchen. Beide Wege waren gefährlich. Der Besuch von Fort Simpson führte sie in eben die Versuchungen, von denen sie Duncan durch die Umsiedlung fernhalten wollte. Die Handelsschiffe waren nichts weiter als große Destillen. Ihren Besuchen in den indianischen Niederlassungen folgten meist die wüstesten Raufereien, die nur zu häufig mit Mord und Totschlag endeten.

Duncan bat die Company, eine Handelsniederlassung in Metlakatla einzurichten, damit die Indianer ihre Felle gegen Nahrungsmittel und andere Güter eintauschen konnten, ohne nach Fort Simpson zu müssen. Allerdings mußte er für die Niederlassung zwei Bedingungen stellen. Der Kaufmann, der sie führte, mußte ein zurückhaltender Mensch sein, er durfte sich in keiner Weise in das indianische Leben einmischen, damit das angefangene Werk der Zivilisierung und Christianisierung nicht gestört wurde, und er durfte unter keinen Umständen Alkohol in dem Laden verkaufen. Aber die Company war an einer eigenen Niederlassung in Metlakatla nicht interessiert. Gab es eine andere Möglichkeit? Zwar besaß die Gesellschaft nicht mehr das Monopol für den Pelzhandel, aber ihr Einfluß war noch immer sehr groß, namentlich in den weitab liegenden Gebieten. Es gelang Duncan zwar, ein paar Kaufleute aus Victoria für seinen Plan zu interessieren, aber sie fürchteten Repressalien von der mächtigen Company, deshalb zögerten sie.

Da machte Duncan kurzen Prozeß und richtete selber einen Laden ein. Er kannte sich im Geschäftsleben ja gut genug aus. Er kaufte die Felle und verschiffte sie nach Victoria. Mit dem Geld, das er sich in den ersten fünf Jahren in Fort Simpson von seinem Gehalt gespart hatte, legte er sich einen kleinen Warenvorrat an und eröffnete damit ein Geschäft.

Sofort tauchte ein neues Problem auf. Metlakatla war sechshundert Meilen von Victoria entfernt, und das einzige öffentliche Verkehrsmittel an der Küste war ein

Dampfer der Hudson's Bay Company. Es war nicht aus-
geschlossen, daß sie sich weigerte, seine Fracht zu beför-
dern. Duncan löste das Problem, indem er sich einen
eigenen Schoner kaufte und mit allem ausrüstete, was
zum Warentransport nötig war. Die Regierung von Britisch-Kolumbien lieh ihm dazu fünfhundert Dollar. Außerdem versuchte er, die Indianer an dem Unternehmen zu
interessieren und zu beteiligen. Er schlug ihnen vor, Anteile von fünf Dollar zu kaufen, bis die Summe vierhundert Dollar betrug. Was dann noch fehlte, schoß er aus
seinem privaten Geld zu. Bald segelte die „Carolina" mit
einem eingeborenen Steuermann und der dazugehörigen
Mannschaft die Küste entlang und beförderte Pelze.

Als andere Indianer merkten, daß sie in Duncans Laden
weit besser bezahlt wurden als bei der Company, brachten sie ihre Felle nach Metlakatla und verlegten schließlich ihren gesamten Handel dorthin. Die Hudson's Bay
Company hatte die Indianer seit jeher unterbezahlt. Mar-
derfelle wurden im Fort mit fünfundzwanzig Centimes
gehandelt, Duncan bezahlte je nach Größe drei bis vier
Dollar, Nerzfelle bezahlte er mit fünfundachtzig statt wie
die Company mit zwei Cent. Und den seltenen Seeotter-
pelz bezahlte er mit seinem richtigen Wert, nämlich mit
hundert Dollar, während die Company schamlos nur zehn
oder zwölf Dollar gab. Der Erfolg war, daß die „Carolina"
beide Fahrten mit voller Ladung machte und immer unter-
wegs war. Am Ende des Jahres bezahlte Duncan jedem
indianischen Aktionär fünf Dollar Dividende pro Aktie.

Das verstanden die Indianer natürlich zunächst überhaupt nicht. Sie dachten, damit verlören sie ihren Anteil
an dem Schoner. Duncan erklärte es ihnen geduldig immer wieder, daß sie ihren Anteil behielten und daß diese
fünf Dollar die Summe war, die sie mit ihren Anteilen
verdient hatten. Als sie das begriffen hatten, waren sie

fassungslos vor Staunen, sie „starben" wieder einmal. Danach wollten sie den Schoner umtaufen in „Hah", das bedeutet etwa „niedriger Sklave", weil „er alle Arbeit tut und wir alle Vorteile haben".

Die mächtige Company war nicht sehr entzückt über Duncans großen Erfolg. Gewöhnt daran, die einzige zu sein, die Handel trieb, und das auf ihre Weise, war sie nicht gewillt, sich diesen Einbruch in ihre Geschäfte gefallen zu lassen, schon gar nicht von einem einfachen Missionar. Man entwickelte einen Plan, um dem ungewöhnlich unternehmungslustigen jungen Mann rasch das Handwerk zu legen. Es wurde Anweisung gegeben, ihn beim Pelzankauf zu über-, beim Warenverkauf zu unterbieten. Wenn es nötig werden sollte, würden sie dieses Verfahren ein Jahr lang aufrechterhalten können.

Kaum hatte Duncan davon Kenntnis erhalten, tauchte er auch schon im Fort auf.

„Ich habe gehört, was die Company plant. Aber ich fürchte die Company nicht. Ich werde Ihnen auch gleich sagen, was ich zu tun gedenke, so daß Sie sich danach richten können.

Meine Waren im Lagerhaus sind alle bezahlt. Wenn ich auch kein Stück davon verkaufe, so tut mir das nichts. In dem Augenblick, in dem ich erfahre, daß Sie die Felle über dem normalen Kurs ankaufen und die Preise für Waren unter einen sauberen Profit senken, schließe ich meinen Laden. Ich werde weder ein Fell kaufen, noch ein einziges Stück aus meinem Lager verkaufen. Ich werde im Gegenteil alle Indianer zu Ihnen schicken und sie dahin instruieren, daß sie einen blendenden Gewinn erzielen können, wenn sie im Fort verkaufen.

Aber ich werde Sie zwingen, sich an diesen Ihren Plan und an Ihre Preise zu halten. Höre ich, daß Sie die Fellpreise wieder senken und die Warenpreise erhöhen, mache ich meinen Laden wieder auf und sage den Indianern, daß sie jetzt wieder mit mir handeln können. Diese Indianer bindet nichts an Fort Simpson, dagegen werden sie für mich alles tun und sich genau nach meinen Anweisungen richten. Was halten Sie von meinem Plan?"

Das war deutlich. Der Befehl, Duncans Preise zu über- oder unterbieten, wurde fallengelassen. Das erste Mal in ihrer Geschichte mußte die Company in ihrem weitgespannten Unternehmen im nordwestlichen Territorium einen Verlust hinnehmen. Der Direktor hielt es nach Duncans Gegenschlag nicht nur für die klügste Politik, Duncan mit seinem vergleichsweise kleinen Unternehmen ungeschoren zu lassen, nach sechs Monaten ließ er ihn sogar wissen, wenn er seinen Schoner zu verkaufen wünsche, würde die Company seine Frachten mit übernehmen. Duncan bekam durch den Verkauf der „Carolina" tausend Dollar bar auf die Hand und konnte das Regierungsdarlehen zurückzahlen. Dort war man nicht wenig erstaunt, Geld von einem armen Missionar zurückzubekommen. Die Gewinne des erfolgreichen Handelsgeschäftes wurden in alle möglichen öffentlichen Aufgaben gesteckt, es wurden auch neue Unternehmungen geplant, um die Beschäftigungsmöglichkeiten im Dorf zu erweitern. Als nächstes richtete Duncan eine Schmiede und eine Zimmerei ein. Das Aufregendste aber war für die Indianer der Bau einer Sägemühle. Als das Wasserrad eingesetzt worden war und die Sägemühle in Betrieb genommen wurde, „starben" die Indianer wieder einmal, so verwundert waren sie, daß Wasser so viel Kraft besitzt, um Holz zu sägen. Den ganzen Tag über kamen Schaulustige zu der Mühle, standen staunend und schwatzend davor und beobachteten dieses Wunderwerk.

Dies war ohne Zweifel der erstaunlichste wirtschaftliche Erfolg der kleinen Gemeinde. Über die geistigen Fort-

94

schritte berichtete Duncan ausführlich an die Missionsgesellschaft:

„Zum Sonntagsgottesdienst kommen zwischen vier- und sechshundert Menschen. Unsere Gemeinde wird von Christen nach zivilisierten Gesetzen verwaltet. Ungefähr siebzig Erwachsene und zwanzig Kinder sind bereits getauft oder warten auf einen Geistlichen, der sie taufen wird. Ungefähr hundert Kinder besuchen täglich die Schule, und ebenso viele Erwachsene kommen zur Abendschule . . .

Die Instrumente, mit denen die Medizinmänner ihre Nation jahrhundertelang in Bann geschlagen hatten, sind alle in meinem Hause gelandet. Sie wurden ganz freiwillig abgegeben. Der undurchlässige, dunkle Mantel des Heidentums ist zerrissen und kann nicht wieder geflickt werden.

Die Feste zeichnen sich jetzt durch ihren gesitteten Ablauf aus und haben einen guten Ruf. Sie beginnen und enden mit einem Dankgebet für Gottes gute Gaben. Kaum einer bleibt dem Gottesdienst fern, mit Ausnahme der Kranken und ihrer Pfleger. In fast jeder Familie werden Abendandachten abgehalten. Das beste von allem aber: Ich habe die Hoffnung, daß sich bei einigen eine echte innere Wandlung vollzogen hat. Die umwohnenden Stämme haben nun ein Beispiel vor Augen, das eine überzeugende Bürgschaft für die Wahrheit von Gottes Wort darstellt. Es macht auch in ihrem Leben Veränderungen möglich, denn in ihm sehen sie die guten Dinge, die sie und ihre Ahnen gesucht und für die sie vergeblich gearbeitet haben — das heißt: Frieden, Sicherheit, Ordnung, Ehrenhaftigkeit und Fortschritt. Gott sei Lob und Dank!"

Auf diese Art wuchs die kleine Siedlung stetig in ein modernes, zivilisiertes Leben und nahm an jedem Tag zu an Kraft und Wissen. Freilich — mit jedem Schritt vorwärts wuchsen auch Schwierigkeiten und Konflikte. Die schwerste Bedrängnis für Duncans Werk aber entstand nicht innerhalb der indianischen Gemeinde, sondern kam aus der Welt des weißen Mannes draußen.

XVII.

Jenseits der Küstenberge, die den pazifischen Nordwesten vom Rest des Kontinents trennen, waren zwei Riesennationen — Rußland und die Vereinigten Staaten — stetig im Vormarsch nach Westen. In den USA hatte er sich durch das Chaos des Bürgerkrieges verzögert. Aber als der Krieg 1865 beendet war, wuchs auch die Stoßkraft wieder. Postkutschen und lange Wagenzüge wirbelten den Staub der Prärie wieder auf und knarrten ihren Weg über die Berge an die Pazifikküste hinunter. Die Geleise für die erste transkontinentale Eisenbahn wurden gelegt. 1869 war die Strecke fertig, die das Gebiet der USA von Küste zu Küste verband. Die Pazifikroute in Kanada blieb dagegen zurück. Die Strecke, die hier den Kontinent durchqueren sollte, wurde erst 1886 fertiggestellt. Damals donnerte der erste Zug durch das Küstengebirge und erreichte die kleine Siedlung Vancouver in Britisch-Kolumbien.

Aber Kanada entwickelte sich in den sechziger Jahren des vorigen Jahrhunderts auf eine andere Weise. Hier gab es weder die kriegerische Auseinandersetzung innerhalb des Volkes, noch wurde das Land von so heftigen Kämpfen mit den Indianern heimgesucht, wie sie die Ausdehnung der USA begleiteten. Kanada machte auf dem

Weg zu einem souveränen Staat geduldig einen tastenden Schritt nach dem anderen. 1867 war das Ziel erreicht. Die vier Provinzen Nova Scotica, Quebec, New Brunswick und Ontario wurden unter dem neuen Namen „Dominion of Canada" vereint. Aber dieser erste Zusammenschluß war nur der Anfang der transkontinentalen Herrschaft, die Kanada anstrebte. Ihren Herrschaftsbereich von einem Ozean zum anderen auszudehnen, war das erklärte Ziel der Regierung. Aber noch waren die weiten Prärien und die Berge der Nordwestgebiete unerschlossen, weder Wagenstraßen noch gar eine Eisenbahn durchquerten sie. Noch weiter westlich an der Pazifikküste lag die unabhängige Provinz Britisch-Kolumbien, die ganz ihren eigenen Stil entwickelt hatte, völlig verschieden von dem übrigen Kanada.

Als die goldenen Tage der Goldsucher und Fallensteller zu Ende gingen, wurde „Holz" zur Zauberformel sowohl in Amerika wie im kanadischen Nordwesten. Die Küstenstädte Portland, Tacoma und Seattle entwickelten sich in den sechziger Jahren in rasendem Tempo, als praktische ehrgeizige Männer den Wert der mächtigen Bäume erkannten und sie zu fällen begannen.

Die Stadt Victoria in Britisch-Kolumbien durchlief mehrere Stadien von Wachstumsschwierigkeiten. Aus einem wirren Haufen von armseligen Hütten rings um das Fort war eine wilde, überschäumende Goldgräberstadt geworden. Im Hafen war ein immerwährendes Anlegen und Ablegen von Schiffen, die Menschen aller Nationalitäten in den Straßen von Victoria zurückließen. Tausende waren nur Durchreisende, die sich hier für die Arbeit als Goldgräber ausrüsteten und dann weiterzogen, aber andere blieben und kauften Land von den spärlichen ersten Siedlern. Den Goldgräbern folgten dann solide Siedler, die in Victoria ihr Glück zu machen hofften. Das feuchte, milde

Klima gefiel besonders den Engländern. Als sie sahen, wie üppig hier alles gedieh, schrieben sie nach Hause und baten um Samen und Ableger der heimatlichen Pflanzen.

Allmählich wurde es immer schwieriger, die beiden wachsenden Kolonien — Victoria auf der Insel und New Westminster auf dem Festland — von zwei Orten aus zu verwalten. Deshalb wurde auf Befehl der Königin Victoria 1866 die Kolonie auf der Vancouver-Insel mit der Festlandprovinz vereinigt. Sie bildeten nun die Kronkolonie Britisch-Kolumbien. Victoria wurde ihre Hauptstadt und begann nun die würdige Eleganz zu entwickeln, die zu einer Stadt mit dem Sitz einer britischen Regierung gehört.

Victoria hatte alle Aussicht, ein bedeutender Handelshafen zu werden, denn es herrschte ein lebhafter See- und Handelsverkehr mit den Häfen von San Franzisko, Portland und Seattle. Immer mehr Schiffe segelten von diesen Häfen ab. Ihre Kapitäne suchten das Glück, was immer auch einer darunter verstand, in dem unentwickelten weiten Nordland. Von der entgegengesetzten Seite, von Sitka in Alaska, kamen die Russen auf der Suche nach Erfolg.

Einer dieser Glückssucher aus Alaska, Charles Baranovitsch, war ein gerissener, gewissenloser Geschäftsmann, der es nicht sehr genau nahm mit der Art, wie er zu Geld kam. Er fand es völlig in Ordnung, wenn er die Indianer beim Pelzhandel mit „Feuerwasser" bezahlte, obwohl er ganz genau wußte, daß er dabei gegen das Gesetz verstieß und zudem noch gefährlich fahrlässig handelte, besonders allen jenen Weißen gegenüber, die dann betrunkenen Indianern begegneten. Baranovitsch besaß einen prächtigen Schoner, der an allen Plätzen zwischen Sitka und Victoria bekannt war. Als er in den Hafen von Metlakatla einfuhr, wurde gemunkelt, er habe Schnaps an Bord. Duncan nahm sein Kanu und paddelte zu dem Schiff. Vor seiner Abfahrt hatte er eine Gruppe von Indianern an der Küste postiert und ihnen gesagt, sie sollten auf ein Zeichen von ihm warten. Duncan ging an Bord und erklärte dem Kapitän, daß er nichts dagegen habe, wenn er mit den Indianern Geschäfte mache, solange er ihnen keinen Alkohol verkaufe. Er habe gehört, daß Baranovitsch damit handle. Ehe er ihm also die Erlaubnis zum Handeln gäbe, müsse er erst den Schoner inspizieren.

Baranovitsch fragte, woher Duncan die Ermächtigung für die Durchsuchung des Schiffes nähme.

„Ermächtigung? Ich habe keine andere Ermächtigung als die des Selbstschutzes. Mein Leben steht in der Hand jener Indianer. Sie sind meine Freunde. Aber niemand weiß, was geschieht, wenn sie um ihren Verstand gebracht werden. Ich habe nichts, womit ich mein Leben verteidigen könnte; darum will ich verhindern, daß Sie es aufs Spiel setzen."

„Wie wollen Sie das denn verhindern?" fragte Baranovitsch leicht spöttisch.

„Sehen Sie diese Indianer in der Bucht? Sie stehen dort, weil sie auf ein Zeichen von mir warten. In dem Augenblick, in dem sie es erhalten, stürmen sie Ihr Schiff, überwältigen Ihre Mannschaft, bringen es in den Hafen und verbrennen es mit der gesamten Ladung. Ein Wort von mir genügt. Erlauben Sie jetzt eine friedliche Besichtigung, oder soll ich das Zeichen geben?"

Baranovitsch fügte sich. Es wurde nichts gefunden. Wenn Alkohol an Bord war, dann war er gut versteckt, und Baranovitsch versprach dazu auch ernsthaft, den Indianern keinen zu verkaufen, auch nicht von dem Vorrat seiner Mannschaft. Er verließ Metlakatla sehr rasch. Als er aber später nach Victoria kam, beschwerte er sich bei Gouverneur Douglas über Duncans Anmaßung von Rechten und über seine Gewaltandrohung.

Douglas sagte nicht viel auf die Anschuldigung, schrieb aber in einem Brief an Duncan, es schiene ihm so, als habe er sich aus eigener Machtvollkommenheit zum Richter gemacht. Damit er dazu nicht wieder gezwungen sei und eine amtliche Legitimität für sein Vorgehen besäße, wenn er sich und seine Indianer schützen müsse, füge er eine Ernennung Duncans zum Verwalter der Siedlung mit richterlichen Befugnissen bei. Sie galten über fünfhundert Meilen an der Küste und auf den vielen Inseln in diesem Bereich.

Diese Ernennung kam Duncan sehr gelegen, und „Richter" Duncan erließ auch gleich ein paar höchst originelle Gesetze, die in keinem Gesetzbuch zu finden sind. Den Whiskyverkäufern drohte er: „Ich habe das Recht, Sie sechs Monate ins Gefängnis zu stecken. Aber wenn Sie schwören, daß dies Ihr erster Versuch war, und ich auch nichts Gegenteiliges gehört habe, kommen Sie mit einem Monat davon. Aber das Gefängnis ist kalt, und ich habe keine Lust, Ihretwegen Feuer machen zu lassen, darum sollen Sie nicht im Gefängnis festgehalten werden. Sie gehen mit dem Polizisten in dessen Haus und leben einen Monat mit ihm. Widersetzen Sie sich seinen Anordnungen, bekommt er Befehl, Sie ins Gefängnis zu stecken."

Als gesetzlich ernannter Richter hatte es Duncan auch leichter, mit den indianischen Rechtsbrechern fertig zu werden, obwohl er sich dabei nicht immer genau an den Buchstaben des Gesetzes hielt. Er bekannte: „Ich bin manchmal etwas außerhalb der Legalität verfahren. Ich habe mir niemals erlaubt, über den Buchstaben eines Gesetzes zu stolpern, wenn dadurch eine vernünftige Maßnahme verhindert worden wäre."

War ein Indianer schuldig befunden worden, Gewalttätigkeit ausgeübt zu haben, die ihn unter unglücklichen Umständen hätte zum Mörder werden lassen können, hieß die strenge, unabänderliche Strafe: öffentliche Auspeitschung. Für die stolzen Tsimshians war das die härteste Strafe, da das ganze Dorf Zeuge dabei war. Sie wurde gewöhnlich von einem der Polizisten vollzogen. Diese öffentliche Strafe besänftigte wohl auch den Rachedurst des Angegriffenen, in manchen Fällen rettete sie vermutlich dem Schuldigen das Leben, denn der Angegriffene mußte sich damit zufriedengeben, daß der Schuldige öffentlich bestraft wurde.

Für Menschen, die noch vor wenigen Jahren Rang und soziale Stellung für das Höchste hielten, gab es eine wirksame, gewaltlose Methode, einen Übeltäter loszuwerden. Das war die „schwarze Flagge". An einem hohen Fahnenmast vor dem achteckigen Bau in der Mitte der Siedlung wehte bei festlichen Gelegenheiten die britische Fahne. Wenn ein Übeltäter aufgefordert werden sollte, das Dorf zu verlassen, zog Duncan eine schwarze Flagge auf. Sie zeigte an, daß ein öffentlicher Feind unter den Bewohnern war. In kurzer Zeit war dann die Öffentlichkeit aufgebracht genug, um gleich ein großes Getratsch anzufangen, und der Übeltäter blieb nicht lange unbekannt. Den Zorn und die Verachtung auf sich geladen zu haben, was die schwarze Flagge symbolisierte, war für den Stolz eines Indianers kaum erträglich und veranlaßte den Schuldigen gewöhnlich, das Dorf rasch zu verlassen. Allerdings kam es auch vor, daß die schwarze Flagge nicht den gewünschten Erfolg hatte. Im Stamme der Kitlahn rückte ein Verwandter der Häuptlingssippe beim Tode seines Onkels in dessen Rang vor. Viele von den Kitlahn-Indianern wohnten in Metlakatla. Der neue Häuptling kam nun angereist, um auch mit ihnen ein Treffen abzuhalten. Dabei beklagte er sich bitter über die Abschaffung der ehrwürdigen Gewohnheiten der Vorfahren. Die stolzen Erinnerungen würden ebensosehr in Mißkredit gebracht wie die kriegerischen Eigenschaften. Er ermahnte seine Stammesangehörigen dringend, zu den alten Formen und Festen zurückzukehren. Diese Versammlung geschah in aller Heimlichkeit, aber Duncan erfuhr dennoch davon und hißte sofort die schwarze Flagge. Aber der Häuptling blieb. Da trat Duncan aus seinem Haus, stellte sich mit der Pistole in der Hand davor auf, in voller Sicht- und Hörweite des Häuptlings, und schickte seine Polizei mit folgendem Auftrag zu ihm:

„Geht hinüber und sagt dem fremden Häuptling in meinem Namen, daß er in zehn Minuten — genau nach der Uhr — sein Kanu ins Wasser gebracht haben und abgefahren sein muß. Weigert er sich, das zu tun, soll er mir gegenübertreten. Dann wird einer von uns, vielleicht auch wir beide, sterben."

Innerhalb von fünf Minuten waren die Habseligkeiten des Häuptlings zusammengepackt, zur Bucht gebracht, verladen, und ohne ein weiteres Wort zu sagen, paddelte er davon.

Zahllos waren die Ereignisse, in denen Duncan noch für die Indianer handeln und entscheiden mußte, aber sie wurden zu Beispielen, an denen er sie langsam in die Zusammenhänge des zivilisierten Lebens einführte. In dem Maß, in dem ihr Verständnis für diese Lebensform wuchs, in dem Maß zog er sich aus seiner führenden Position zurück und war dem Eingeborenenrat und der Polizei nur noch Ratgeber und Helfer bei den Bemühungen, ihre Angelegenheiten selbständig zu führen.

In der zweiten Hälfte des Jahres 1860 war Duncan so ausschließlich von den Aufgaben beansprucht, die die neue Siedlung an ihn stellte, daß er keine Zeit fand, sich um die politischen Ereignisse und die Entscheidungen, die getroffen wurden, zu kümmern, Ereignisse, die größte Bedeutung für Duncan und seine Indianer haben sollten.

Die Provinz Britisch-Kolumbien schwankte unentschlossen zwischen zwei Möglichkeiten ihrer politischen Zukunft: entweder sich mit dem neuen „Dominion of Canada" zu vereinigen oder bei den USA Anschluß zu suchen. Die tatkräftigen Pioniere, die die Provinz erschlossen, waren begeistert von den Möglichkeiten, die in dem unerschlossenen prächtigen Lande schlummerten. Aber sie brauchten ein freiheitlicheres Regiment als das einer britischen Kolonie, um alle Gelegenheiten des Vorankommens ausnutzen zu können. Geographisch hingen sie leicht mit den pazifischen Staaten zusammen und erfreuten sich einer wachsenden Verbindung mit ihnen. Viele Siedler waren aus den Staaten gekommen und neigten der letzteren Möglichkeit zu. 1867 baten die Annektionisten das Kolonialministerium, sie aus dem Verband des britischen Empire zu entlassen. Zwei Jahre später richteten sie eine Bittschrift an Präsident Grant, den Anschluß der Kolonie an den Verband der Vereinigten Staaten zu ermöglichen. Aber der Einfluß derjenigen Partei, die einen Zusammenschluß mit Kanada anstrebte, war stärker. Darum trat Britisch-Kolumbien 1871 schließlich dem kanadischen Dominion bei.

Das geschah im Süden. Aber auch im Norden bahnten sich umwälzende Veränderungen an. Obwohl Metlakatla nur etwa fünfzig Kilometer von der russisch-kanadischen Grenze entfernt lag, wußte es kaum etwas von den Vorgängen, die sich dort abspielten.

Rußlands Einfluß in Alaska war mehr und mehr geschwunden. Die Tage seiner Macht lagen weit zurück, am Anfang des Jahrhunderts. Von der blühenden Hauptstadt Sitka aus hatten die Russen jahrelang den Pelzhandel beherrscht. Aber langsam hatte die Hudson's Bay Company ihren Einfluß ausgedehnt und war bis an die russische Grenze vorgestoßen. Die Russen hatten in ihrer Heimat genug Probleme und konnten ihrer Kolonie wenig Aufmerksamkeit widmen. Sie erkannten, daß sie ihre großen Besitzungen in Alaska früher oder später an die Engländer verlieren würden. Das wollten sie aber nicht so gern, darum boten sie das Territorium den USA zum Kauf an. William H. Seward war die Schlüsselfigur bei diesen Unterhandlungen. In kluger Voraussicht erkannte er, daß die USA, um den Nordpazifik unter Kontrolle zu haben, besonders im Verteidigungsfalle, Alaska unbedingt brauchten. Als sich die Russen bereit zeigten, auf sein Angebot von 7 200 000 Dollar einzugehen, arbeitete er in aller Eile den Vertrag aus. Er fürchtete, die Engländer könnten von dem außerordentlich niedrigen Kaufpreis erfahren und versuchen, den USA das Land vor der Nase wegzuschnappen. Der Vertrag wurde im März 1867 unterzeichnet, die formelle Übergabe fand im Oktober des gleichen Jahres in Sitka statt.

Es war ein windiger, bewölkter Tag. Schwere Wolken zogen rasch über die Berge, zerrissen hin und wieder und gaben einen Blick auf die schneebedeckten Berghäupter frei. Die russischen Truppen übergaben den amerikanischen Soldaten die Amtsgewalt vor einem neunzig Fuß hohen Fahnenmast auf dem Paradeplatz vor dem russischen Regierungsgebäude. Kein Eingeborener von Alaska war bei der Feierlichkeit dabei. Trotzdem verfolgten die Indianer von ihren Booten im Hafen aus die Zeremonie mit großer Aufmerksamkeit. Als die zweiunddreißig Kanonen rund um das Kastell und die Geschütze auf den Kriegsschiffen im Hafen gemeinsam Salut schossen, flatterte die Fahne mit dem russischen Doppeladler langsam am Flaggenmast in die Tiefe. Dann befestigten die amerikanischen Truppen die Stars and Stripes und zogen sie auf die Spitze.

104

Nun waren drei Wahrzeichen vor den Bergen zu sehen, drei Zeichen, die Sitka überragten, die die drei Kulturen repräsentierten, die an Alaskas Geschichte beteiligt waren: der Totempfahl der Eingeborenen von Alaska, der Zwiebelturm einer Kirche des kaiserlichen Rußlands und die brandneue Flagge der USA.

XVIII.

Häuptling Legaic lag im Sterben. Auf dem Heimweg vom Nass River wurde er krank nach Fort Simpson gebracht. Nun schrieb der ehemalige Häuptling der Tsimshians mit zitternder Hand an Duncan:

„Lieber Herr, bitte komme zu mir. Ich trage dich immer in meinen Gedanken. Ich müßte sehr traurig sein, wenn ich dich nicht mehr sehen könnte, ehe ich fortgehe. Du hast mir die Leiter gezeigt, die zum Himmel führt. Ich stehe jetzt auf der Leiter. Ich habe keinen Wunsch mehr außer dem, dich zu sehen."

Duncan machte sich sofort im Kanu auf den Weg nach Fort Simpson. Clah begleitete ihn. Aber es war zu spät. Legaic war gestorben, ehe sie ankamen. Ein letzter Brief von ihm wurde Duncan übergeben.

„Mein lieber Herr, das ist mein letzter Brief. Ich gehe, um auszuruhen von Mühsal, Prüfungen und Versuchungen. Ich habe keine Angst, meinen Gott zu treffen. In meinen Schmerzen erinnere ich mich immer..." Hier war dem Sterbenden die Feder aus der Hand gefallen.

Duncan fand Trost in dem Gedanken, daß der einst so wilde, stolze Häuptling mit Frieden im Herzen gestorben war. Gerade für Legaic war es anfangs besonders schwer gewesen. Er, der oberste Häuptling aller neun Stämme, hatte am meisten aufgeben müssen, als er sich für das Leben in Metlakatla entschloß.

Als er schon dort lebte, galt er außerhalb von Metlakatla immer noch als Häuptling und wurde immer wieder in die Siedlungen bei Fort Simpson eingeladen. Und er war auch hingegangen. Bei solchen Gelegenheiten konnte er nicht widerstehen, mit allen seinen herrscherlichen Abzeichen dort aufzutreten. Er sonnte sich in ihrem Glanze und genoß seine Stellung.

Duncan beschwor ihn immer wieder, daheimzubleiben. „Du mußt dich entscheiden, Legaic, für das eine oder das andere", mahnte und bat er. Aber Legaic wollte zu beiden Seiten gehören. Er wünschte ehrlich, das Leben von Metlakatla zu führen, aber ebensosehr zog ihn die alte Lebensform, in der er eine so mächtige Stellung innegehabt hatte, wieder in ihren Bann. Dieses Verhalten aber drohte Unruhe unter die Indianer von Metlakatla zu bringen. Das mußte Duncan verhindern. Er mußte Legaic zu einer Entscheidung zwingen.

„Legaic, es ist besser, du verläßt uns. Ich kann dich hier nicht dulden. Du trägst auf beiden Achseln. Du willst Gott dienen und dem Teufel, und du tust hier das Werk des Teufels. Es ist wirklich besser, du gehst von hier fort, dorthin, wohin dich dein Herz treibt, und dein Herz ist dort, wo du Häuptling sein kannst."

Legaic ging. Etwa eine Woche später pochte es mitten in der Nacht an Duncans Tür. Als er öffnete, stand Legaic vor ihm. Duncans Blick flog über Legaics Hände, ob sie wohl eine Waffe hielten, denn er fürchtete, Legaic sei gekommen, um Rache zu nehmen.

„Was willst du?"

„Laß mich ein", sagte Legaic.

„Was willst du hier?"

106

„Ich muß mit dir sprechen."

„Gut denn. Komm."

Legaic folgte Duncan und betrat mit niedergeschlagenen Augen den Raum.

„Du bist also zurückgekommen", begann Duncan.

„Ja, ich bin zurückgekommen."

„Warum tust du das? Ich habe dich doch fortgeschickt."

„Ich konnte nicht anders. Ich habe in den Nächten nicht geschlafen. Ich bin gekommen, um dich zu fragen, was ich tun soll, und ich werde es tun. Nur eins darfst du mir nicht sagen, denn das werde ich nicht tun."

„Was ist das?" fragte Duncan.

„Schicke mich nicht wieder fort. Ich gehe nicht. Ich kann es nicht."

Duncan war überzeugt, daß er es ernst meinte, und erlaubte ihm, zurückzukehren. Von der Zeit an gelang es Legaic, mit den Versuchungen aus seinem früheren Leben fertig zu werden. Als er bat, zum Polizisten ernannt zu werden, wurde ihm auch diese Bitte erfüllt. Die Polizisten genossen großes Ansehen in der Gemeinde. Sie waren ausgestattet mit Kappe, Gürtel und Mantel und einem Dienstabzeichen. Vielleicht half diese sichtbare Unterscheidung Legaic, den Verlust seiner früheren Häuptlingswürde leichter zu verschmerzen. Nach einem Jahr jedenfalls empfing Legaic mit Frau und Tochter die Taufe. Er nahm den Namen Paul an.

Im Gedenken an den schweren Weg, den Legaic hatte gehen müssen, schmerzte es Duncan doppelt, daß er ihn nicht mehr lebend angetroffen hatte; außerdem war gerade dieser Indianer im Laufe der Zeit nicht nur einer seiner fähigsten Helfer geworden, sondern sein Freund.

Nun wuchs schon eine neue Generation in Metlakatla heran, mit anderen Voraussetzungen, als sie Paul Legaic gehabt hatte. Es waren die Kinder, die einstmals in Legaics Haus angefangen hatten, in die Schule zu gehen. Sie waren während ihrer ganzen Jugendzeit von Duncan geführt und gelehrt worden. Sie waren nun zivilisierte junge Männer und Frauen. Sie waren Duncans treueste Anhänger, denen auch er wiederum am meisten zugetan war. Ihnen hatte er die meiste und intensivste Sorge gewidmet.

Duncan wußte nur zu gut, daß diese hübschen, gescheiten jungen Indianer sehr viel mehr Fähigkeiten besaßen, auch schwierige Arbeiten zu bewältigen, als sie Metlakatla bieten konnte. Unternehmungsgeist braucht Antriebe und Kenntnisse, um sich zu entwickeln. Wenn die Voraussetzungen in ihrer Umgebung nicht geschaffen werden konnten, würden sie unweigerlich in die Siedlungen der Weißen abwandern, und Duncan fürchtete zu Recht, daß viele von ihnen dann ein Opfer ihrer Ränke wie ihrer Laster werden würden.

Der Gedanke daran trieb ihn unablässig an. Er fand, daß es nun an der Zeit sei, nach England zu gehen, um dort neue Möglichkeiten zu suchen, die in Metlakatla in die Praxis umgesetzt werden konnten. Dreizehn Jahre lebte er nun schon in der Wildnis. Abgesehen von den wenigen Fahrten nach Victoria hatte er sich bisher noch nie längere Zeit von seinen Schützlingen getrennt. Aber er wußte jetzt auch, daß er ihnen vertrauen konnte. Sie würden während seiner Abwesenheit das Gemeinwesen ordentlich führen. Sie waren stolz, sein Vertrauen zu besitzen, und würden sich dieses Vertrauens würdig erweisen wollen.

Im Januar 1871 verabschiedete sich Duncan von jedem Einwohner persönlich und bestieg den Dampfer. Die Indianer begleiteten ihn in ihren Kanus eine weite Strecke. Sie fuhren mit, bis sie Clatham Sound erreichten, und sangen die ganze Zeit englische Lieder in ihrer Sprache. Seemöwen krächzten und kreisten über ihren Booten, und

Schildkröten schwammen und tauchten im Umkreis des Dampfers. Es war ein fröhlicher Abschied.

Duncan hatte eine lange Liste mit Projekten für Metlakatla. Er hatte sie sich stichwortartig, wie sie ihm gerade eingefallen waren, in seinem Notizbuch aufgeschrieben: Wolle kämmen, spinnen, weben, waschen, färben und trocknen — Seife, Bürsten, Körbe, Stricke, Holzschuhe, Faßdauben herstellen — Zurichten von Häuten — Backsteine und Dachziegel anfertigen — Gartenarbeiten — Fotografie — Musik.

In England ging er zuerst zu einer alten irischen Frau und ließ sich das Spinnen beibringen. In Manchester machte er sich mit der Wollweberei vertraut, und in Yarmouth lernte er die Seilerei. Viele Hefte füllte er mit Notizen. Er beschaffte sich eine Menge Hilfsmittel für alle seine Vorhaben, darunter auch eine Kamera, fotografische Platten und Chemikalien.

Von Anfang an waren Duncan die schönen Stimmen und die Musikalität der Tsimshians aufgefallen, obwohl sie doch nur Rasseln und Trommeln kannten. Er wollte ihnen nun gern die Instrumente für eine Blaskapelle mitbringen. Aber als er die Preise hörte, mußte er den Plan aufgeben. Sie überstiegen seine Mittel gewaltig. Doch der Kaufmann, der seine Enttäuschung sah, gab ihm einen guten Tip. Er wußte von einem reichen Seidenfabrikanten, der dreißig Instrumente für eine Werkskapelle gekauft hatte. Kurz nach dem Kauf war er mit seinen Arbeitern wegen eines Streiks uneins geworden und hatte die Instrumente wieder an sich genommen. Vielleicht würde er sie mit einem Preisnachlaß verkaufen.

Duncan trat mit dem Fabrikanten in Verbindung, erzählte ihm von seiner Indianermission und davon, daß er die Instrumente gerne für seine Schützlinge kaufen wolle, wenn er sie bezahlen könne. Der Mann hörte Duncans

Erzählungen sehr aufmerksam an, aber als er fertig war, sagte er nur: „Meine Instrumente sind nicht zu verkaufen."

„Dann bitte ich um Verzeihung für die Störung und dafür, daß ich Ihnen die Zeit wegnahm", sagte Duncan und stand auf.

„Ich sagte, die Instrumente sind nicht zu v e r k a u - f e n. Aber das hindert ja wohl nicht, daß ich sie Ihnen zum Geschenk mache. Nehmen Sie sie mit. Ich hoffe, daß Sie mehr Freude daran haben werden als ich."

In San Franzisko unterbrach Duncan die Rückreise. Dort kaufte er ein paar Webstühle und andere Maschinen für eine Weberei von einem Fabrikanten, der beabsichtigte, in seiner Fabrik modernere Maschinen aufzustellen.

Endlich kam Duncan wieder in Victoria an. Er suchte sich einen Musiklehrer und wollte von ihm sämtliche Blasinstrumente spielen lernen. Der rief entsetzt: „Ein Mann — sämtliche Instrumente einer Kapelle? Wieviel Zeit haben Sie denn?"

„Nur wenig. In einer Woche gehe ich an Bord eines Dampfers, der nach Norden fährt."

„Unmöglich!" rief der verstörte Musiklehrer.

Aber dieses Wort stand nicht in Duncans Lexikon. Er zahlte dem Mann elf Dollar für elf Stunden und lernte genug auf jedem Instrument, daß er jedem indianischen Spieler die Grundbegriffe darauf beibringen konnte.

Auf den Dampfer wurde auch noch eine in Victoria gekaufte Orgel für die Kirche verladen, die sein altes Akkordeon ablösen sollte.

Ein Jahr nach seiner Abreise traf Duncan wieder in Metlakatla ein. Ein großes prächtiges Kanu begrüßte den Dampfer an der Mündung des Skeena. Duncan verließ das Schiff und legte den Rest des Weges im Kanu seiner Freunde zurück. Er war glücklich über den vertrauten

Anblick der Inseln und freute sich über den Linienschwung der ins Meer eintauchenden Landzungen.

Da der Wind heftig blies, wurden zwei Segel gesetzt, und das Kanu glitt rasch über das Wasser. Seine Freunde, denen man auch die Freude über Duncans Rückkehr anmerkte, hatten nichts weiter zu tun, als still zu sitzen und die Segel zu beobachten. Dabei erzählten sie und überboten sich gegenseitig in der Berichterstattung über die vielen Neuigkeiten.

Als sie in die Durchfahrt einbogen, wurde eine Fahne auf dem Kanu gehißt, zum Zeichen dafür, daß Duncan tatsächlich an Bord war. Als Antwort wehten auch über der Siedlung in kurzer Zeit eine Menge Fahnen, und viele Indianer eilten zum Hafen. Als Duncan ausstieg, erklang ein Kanon und nach kurzer Pause ein zweiter. Die offizielle Begrüßung endete mit dem Salut aus den Gewehren der Polizeitruppe.

Dann war es aber mit dem feierlichen Programm vorbei. Jeder drängte sich an Duncan heran und versuchte, seine Hand zu fassen. Sie belagerten und umschwärmten ihn so, daß er kaum sein Haus betreten konnte. Als ihn seine eigenen Gefühle zu überwältigen drohten, ging er hinein, um sich zu fassen, aber die begeisterte Menge drängte nach. Da bat er, man möge die Kirchenglocke läuten. Alle stürmten davon, und als Duncan in die Kirche kam, wartete schon eine große Menschenmenge auf ihn. Er redete etwa eine halbe Stunde zu ihnen, danach besuchte er die Alten und Kranken, die schon sehnsüchtig auf ihn warteten. Als er danach endlich in sein Haus zurückkehrte, steckte es schon wieder voller Menschen. Er setzte sich also zu ihnen und erzählte den etwa fünfzig, die mühsam Platz fanden, von seiner Reise. Bis nach Mitternacht saßen sie zusammen. Aber als die Zuhörer ihn verließen, war das Dorf noch hellwach. Alle warteten auf

die „Auserwählten", um von ihnen zu hören, was er erzählt hatte. Manche gingen in dieser Nacht überhaupt
nicht schlafen, sie hockten zusammen und besprachen aufgeregt alles, was sie gehört hatten.

Endlich war Duncan allein. Er mußte unwillkürlich an
seinen ersten Empfang durch das gleiche Volk denken.
Welch ein Unterschied!

XIX.

In den 1870er Jahren machte Metlakatla große Fort-
schritte in seiner Entwicklung. Die Indianer hatten sich
rasch und gern mit den neuen Maschinen vertraut gemacht, die Duncan von seiner Reise mitgebracht hatte.
Bald durchdrang die Siedlung das pulsierende Leben hand-
werklicher Arbeit. Es gab eine Küferei, eine Werkstatt, in
der Holzschuhe hergestellt wurden, eine Schreinerei, und
außerdem wurde ein funkelnagelneues Gebäude errichtet,
in dem der Webstuhl aufgestellt werden sollte.

Die Indianer bauten ihre Wohnhäuser jetzt auch in
einer festeren Bauweise. Nach und nach wurden die alten
Wohnstätten durch siebenundachtzig neue doppelstöckige
Häuser ersetzt. Immer war die Feuersgefahr in den alten
Holzhäusern ohne ausreichende Vorsichtsmaßnahmen
groß gewesen. Die neuen Häuser bekamen nun richtige
Fenster und statt des alten Rauchabzugs einen sicheren
Kamin. Hier und da zäunte man die Grundstücke auch ein
als Gärten, bepflanzte sie nach vorn heraus mit Blumen,
im rückwärtigen Teil mit Gemüse. Auch die Schule wurde
erneuert und Duncans altes Blockhaus durch ein ebenfalls
zweistöckiges Missionshaus ersetzt.

Den größten Ehrgeiz und Einfallsreichtum aber entwikkelten die Indianer für den Plan einer prächtigen neuen Kirche. Ein Grundstück wurde gerodet, dräniert und große Baumstämme in der Sägemühle zu starken Fachwerkhölzern geschnitten. Jeder arbeitete daran mit. Weihnachten 1874 wurde sie geweiht. Sie bot Sitzplätze für mehr als tausend Besucher. Obwohl die Baukosten stattliche zwölftausend Dollar betrugen, wurden sie ganz durch freiwillige Spenden aufgebracht. Ein Teil des Geldes stammte von den Indianern selbst, ein Teil von Freunden und Bewunderern Duncans — nicht ein Dollar kam von der Missionsgesellschaft in London.

Trotz aller Bautätigkeit blieb aber immer noch Zeit für die Bläser, um fleißig zu üben. Duncan hatte dreißig Instrumente ausgegeben, die Spieler dazu gesucht und ihnen die Grundbegriffe beigebracht. Dann schickte er sie in den Wald, wo sie weiter üben sollten. Nach einigen Stunden kamen sie wohlgemut wieder zurück und meinten, nun könnten sie spielen. Duncan war nach einer Probe nicht so überzeugt davon. Er sammelte erst mal die Instrumente wieder ein, und später ließ er einen Musiklehrer aus Victoria kommen, der die Spieler drei Monate lang gründlich unterrichtete.

Duncans Tatendrang und die daraus erwachsenden Erfolge schienen keine Grenzen zu kennen. Zu manchen Zeiten blieb ihm kaum ein Augenblick zum Verschnaufen. Obwohl er Tag und Nacht arbeitete, konnte er doch manchmal nicht alle Aufgaben erfüllen, die an ihn gestellt wurden als Prediger, Lehrer, Doktor, als Richter und Chef der Polizei, als Bürgermeister, Generalverwalter der Lagerhäuser und der Betriebe, als Architekt, Buchhalter und Bandleader. Außerdem mußte er oftmals am Tage gute Ratschläge geben oder Streit schlichten, auch wenn es sich nur um Bagatellen handelte. Er mußte eben da sein. Selbst der kräftige, tatendurstige Duncan mußte schließlich zugeben, daß diese Arbeit die Kräfte eines einzigen Menschen überstieg. Darum war er sehr einverstanden, als man ihm aus England Mr. Collins schickte, der ihn als Schulmeister ablösen sollte. Collins war verheiratet und konnte seine Frau auch mit einspannen. Sie beaufsichtigte einen Mädchenschlafsaal und führte eine Übungsschule.

Als die Collins da waren, konnte Duncan gelegentlich eher und leichteren Herzens Metlakatla einmal verlassen. Und das war sehr gut. Denn ihm kam eine alarmierende Nachricht zu Ohren: Die alten Rechte der Indianer auf ihren Landbesitz in Britisch-Kolumbien wurden durch weiße Landräuber bedroht. Er machte sich sofort nach Ottawa auf, der Hauptstadt des neuen Dominions. Duncan bestand darauf, daß die Regierung die alten Rechte der Indianer vor diesen Angriffen schützte. Er überzeugte die Regierungsbeamten davon, daß die Aufgabe des ausdrücklich gewährten Schutzes leicht einen Indianeraufstand zur Folge haben konnte, woran jedermann nur mit Furcht und Schrecken zu denken wagte.

Die ungleiche Rechtslage, die in der alten Provinz Britisch-Kolumbien entstanden war, wurde dank seiner Anstrengungen wieder rückgängig gemacht — wenigstens eine Zeitlang.

Sein erfolgreiches Eintreten zugunsten der Indianer zog die Aufmerksamkeit von wichtigen Persönlichkeiten auf Metlakatla. Lord Dufferin, damals Generalgouverneur des Dominions, kam eigens in einem Kriegsschiff in die Siedlung, um sich mit eigenen Augen davon zu überzeugen, was der Yorkshire-Missionar in der nördlichen Wildnis zuwege gebracht hatte. Der nächste wichtige Besuch war Kapitän — jetzt Admiral — Prevost. Der Admiral war so beeindruckt von dem, was er in Metlakatla sah, daß er der Siedlung einen Satz Straßenlampen schenkte — ein

Symbol des Lichtes, das jetzt von Metlakatla ausging. Ein Leuchtfeuer, das seine Strahlen in alle Richtungen schickte, das war Metlakatla geworden. Es reichte bis nach Sitka und Fort Wrangel in Alaska, wo die Stämme der Tlingit und der Chilkat davon getroffen wurden. Aber sonst war die Lage der Eingeborenen an der Küste ziemlich hoffnungslos. Die Bevölkerungszahl ging zurück, und die alte Kultur schwand immer mehr dahin. Häuptling Toy-a-att in Fort Wrangel faßte die traurige Entwicklung der indianischen Stämme entlang der Nordwestküste in die traurigen Worte*):

„Meine Brüder und Freunde, ich komme heute zu euch, um ein wenig mit euch zu reden. Ich hoffe, ihr werdet mir zuhören und mich nicht verlachen, weil ich ein Indianer bin. Ich werde alt, und nur noch wenige Sommer sind mir auf dieser Erde vergönnt. Ich möchte ein wenig aus der Geschichte der Sitka-Indianer erzählen und von unseren gegenwärtigen Wünschen. In vergangenen Zeiten, ehe die Weißen zu uns kamen, waren die Indianer von Alaska Barbaren mit rohen Sitten. Zwischen den Stämmen herrschte fortwährend Krieg. Blutvergießen und Morde waren an der Tagesordnung. Aberglauben regierte unser Tun und Lassen, unsere Herzen und Sinne. Den Gott der Weißen kannten wir nicht. Aus der Natur wußten wir, daß alles eine Ursache haben mußte, aber mehr wußten wir nicht. Unser Gott war unser Geschöpf, d. h. wir suchten uns Tiere und Vögel aus, die wir als Götter verehrten.

Im Laufe der Zeit kam eine Veränderung in den Geist unserer Träume. Wir erkannten, daß wir nicht die einzigen Lebewesen in menschlicher Gestalt sind, die die

---

*) Die Rede erschien in: Our New Alaska by Charles Hallock, New York, 1886

Erde bewohnen. Weiße Männer erschienen bei uns. Sie kamen in großen Schiffen über das Wasser. Wo sie herkamen, wußten wir nicht. Wir glaubten, sie wären aus den Wolken gekommen. Die Segel ihrer Schiffe hielten wir für Schwingen und schlossen daraus, daß sie sich wie die Vögel in die Luft erheben könnten und ebensogut zu schwimmen vermochten. In der folgenden Zeit lernten wir durch die weißen Männer, die unser Land besuchten, viele Dinge kennen, die die Natur oder die Kunst der Menschen hervorbringen. Sie erzählten uns auch von Gott, dem höchsten Wesen, der alle Dinge geschaffen hat, auch uns, die Indianer. Sie sagten uns, daß dieser Gott hoch über uns im Himmel wohne und alle Menschen seine Kinder seien. Das alles sagten sie uns, aber wir verstanden es nicht.

Wir sind nicht mehr die gleichen Menschen wie vor hundert Jahren. Die Gemeinschaft mit dem weißen Mann hat einen Wandel in unsere Sitten und Gewohnheiten gebracht. Wir haben von den großartigen Werken des weißen Mannes gehört und manche von ihnen gesehen. Seine Erfindungsgabe und seine Kunstfertigkeit haben Dampfschiffe, Eisenbahnen, Telegrafen und tausend andere Dinge entstehen lassen. Sein Geist ist weit ausgreifend. Was er sich wünscht, stellt er her. Jeder Tag macht den weißen Mann vollkommener, aber der Indianer kommt nicht voran. Warum ist das so? Liegt es daran, daß der Gott, von dem man uns erzählt hat, ein weißer Gott ist und euch, weil ihr Weiße seid, bevorzugt? Brüder, schaut unsere Haut an. Wir sind dunkelhäutig, nicht weiß wie ihr. Ihr nennt uns Indianer. Ist das der Grund, daß wir Unwissende sind? Liegt es daran, daß wir euren Gott nicht erkennen können?

Meine Brüder, ein Wandel hat sich vollzogen. Wir haben von den wunderbaren Dingen, die es auf der Welt

116

gibt, gehört und manches davon gesehen. Wir möchten gern verstehen, was wir sehen und hören. Wir sehnen uns nach Licht. Wir wünschen uns, daß unsere Augen aufgetan werden. Wir lebten so lange in der Finsternis, und wir bitten euch, meine Brüder, uns zu helfen. Schaut nach Fort Simpson und nach Metlakatla. Seht die Indianer dort. In der Vergangenheit waren sie die schlimmsten Indianer an der ganzen Küste, grausam, wild und blutdürstig. Sie waren unsere geschworenen Feinde, und wir lebten in ewigem Krieg mit ihnen. Und jetzt? Sie sind nicht mehr unsere Feinde, sie sind vielmehr unsere Freunde. Sie haben viel gelernt. Sie wurden langsam erzogen und zivilisiert. Sie verstehen, was sie hören und sehen. Sie können lesen und schreiben. Sie lernen, Christen zu werden.

Diese Indianer sind britische Indianer. Man hat uns gesagt, das britische Reich ist ein mächtiges Reich, und man hat uns gelehrt, daß das amerikanische Reich noch größer und mächtiger ist. Man hat uns gesagt, daß der Präsident der Vereinigten Staaten der Herr über alle Menschen sei, über Weiße und Indianer. Man hat uns gesagt, wie es gekommen ist, daß er nun auch unser großer Häuptling ist. Er kaufte dieses Land von Rußland, und indem er es kaufte, kaufte er uns mit. Wir konnten keinen Einspruch erheben, uns blieb keine Wahl. Der Wechsel ist vollzogen. Wir bäumen uns nicht auf. Alles, was wir wollen, ist Gerechtigkeit. Wir möchten zivilisiert und christianisiert werden und etwas lernen dürfen. Gebt uns eine Chance, und wir werden der Welt zeigen, daß wir friedliche Bürger und gute Christen werden können."

Kein Zweifel, Metlakatla und seine Entwicklung leuchtete wie ein Hoffnungsstrahl die ganze Inlandküste entlang. In vollem Vertrauen auf die ständig fortschreitende geistige Entwicklung der Missionsstation schrieb Duncan in sein Tagebuch: „Dem Feind ist nur gestattet, uns zu belästigen, aber nicht, uns zu zerstören. Wir müssen nur wachsam bleiben und inständiger bittend zum Himmel schauen."

Doch während er diese Worte schrieb, braute sich ein Sturm über Metlakatla zusammen, ohne daß Duncan ein Sturmzeichen bemerkte — der Sturm kam aus einer völlig unerwarteten Richtung.

XX.

Die Silhouette der neuen Kirche mit ihrem Glockenturm vor den Bergen bildete ein eindrucksvolles Bild für die zwischen Küste und Inseln durchfahrenden Schiffe. Das Innere der Kirche aber war noch schöner mit ihrer seidig schimmernden Zedernholztäfelung und dem geschnitzten anderen Holzwerk. Die Ideen dazu stammten von den indianischen Handwerkern, die das alte Erbe der Holzschnitzerei sorgsam weiterpflegten.

Die Kirche wäre der Stolz jeder Stadt gewesen, aber diese hier, die größte Kirche nördlich von San Franzisko, stand mitten in der Wildnis, gehörte den Indianern und hatte nicht einmal einen ordinierten Geistlichen! Als Metlakatla wuchs, wurde Duncan immer wieder gedrängt, er solle richtiger Pfarrer werden. In der Tat war ihm ein Bischofstitel sicher, wenn er noch studieren und sich ordinieren lassen wollte. Aber Duncan wollte nicht. Sein Werk war das eines einfachen Laienmissionars, und lag nicht Gottes Segen sichtbar darauf?

Duncan fürchtete vor allem, daß in dem Augenblick, in dem er ordiniert wäre, die Kirche von ihm verlangen würde, den Gottesdienst und das kirchliche Leben nach den Regeln der Kirche von England auszurichten. Er war zwar selbst ein Mitglied dieser Kirche, aber er hatte immer wieder erklärt, seine Tätigkeit sei nicht dazu da, die Ehre der Kirche von England zu erhöhen. Er wolle den Indianern zu einem sinnvolleren Leben verhelfen, aber ihnen keine Dogmen einpauken. Gewiß wolle er sie zu Christen machen, aber sie sollten keine Christen einer bestimmten Richtung werden, weder der der Bischofskirche noch irgendeiner anderen.

Diese Ansicht wurde respektiert, solange Reverend Henry Venn Generalsekretär der Missionsgesellschaft war. Er war mit Duncans Methode völlig einverstanden und erkannte seine Erfolge dankbar an. Die Missionsgesellschaft hatte manchen begeisterten Bericht über ihre wunderbare Metlakatla-Mission veröffentlicht.

Aber nun war Henry Venn gestorben. Ein neuer Geist zog in die Missionsgesellschaft ein, ein Geist, der viel mehr auf Formen und Formalitäten als auf die Sache hielt, begann die Oberhand zu gewinnen. Metlakatla sollte unverzüglich in den Rang einer Bischofskirche erhoben werden, was eine streng geregelte Verwaltung der Sakramente mit sich brachte. Man drängte Duncan wieder, sich doch endlich ordinieren zu lassen.

Er lehnte wieder ab.

Die Gesellschaft hatte keine Vorstellung von den Gegebenheiten, unter denen er arbeitete, sie bildete sich offenbar ein, die Indianer seien Christen wie die Engländer, jahrhundertelang an ein Ritual gewöhnt, dem sie ohne Mühe folgen könnten. Aber Duncan wußte es besser. Viele von den Indianern waren, was das religiöse Verständnis betraf, noch reine Kinder. Der Schlüssel seines Erfolges war seine Einfachheit und Klarheit. Die Tsimshians hatten sich früher außerordentliche Feierlichkeiten nicht anders als im Zusammenhang mit magischen Vorgängen vorstellen können. Duncan gestaltete daher im Gegensatz zu dieser Vorstellung seinen Gottesdienst betont einfach. Er hatte niemals versucht, sie mit eindrucksvollen Meßgewändern, großartig geschmückten Altären oder anderen kirchlichen Zeremonien anzulocken. Je besser er die Indianer kennengelernt hatte, desto klarer war ihm geworden, daß Gewänder und Gottesdienstordnungen, besonders aber das Abendmahl, die Indianer in ihrem gegenwärtigen Entwicklungszustand nur verwirren konnten.

Als die Ratsmitglieder der Gesellschaft erkannten, daß von Duncan kein Einlenken zu erwarten war, schickten sie einen jungen Geistlichen nach Metlakatla. Duncan erschrak. Nun würde die Erhebung Metlakatlas in den Rang einer Bischofkirche nur noch eine Frage der Zeit sein. Das konnte nur ein Desaster zur Folge haben. Er fühlte, daß jetzt die Glaubwürdigkeit seiner Verkündigung auf dem Spiel stand. Er entschied sich schweren Herzens, sein geliebtes Metlakatla zu verlassen und sich anderswo eine Arbeit zu suchen.

Reverend Hall, der neue Geistliche, kam am 6. August 1877 in Metlakatla an, und Duncan verließ in aller Stille die Siedlung, um in Victoria über seine weitere Zukunft nachzudenken. Den Indianern verriet er kein Wort, er hatte sich auch nicht von ihnen verabschiedet, weil er einen Aufstand fürchtete und er es dem neuen Reverenden nicht noch schwerer machen wollte.

Er war jedoch noch nicht lange in Victoria, als ihm Gerüchte über seltsame Ereignisse in Metlakatla zu Ohren kamen. In seiner Unerfahrenheit hatte der junge Geistliche für seine Predigt einen Text aus dem Propheten Joel ausgewählt: „Eure Söhne und Töchter sollen prophezeien, eure Alten sollen Träume träumen, eure Jungen sollen

Visionen haben." In jugendlichem Enthusiasmus hatte er den Indianern diese Szenen mit glühenden Worten vor Augen geführt. Die starke Einbildungskraft der Indianer wurde sofort lebendig, und es dauerte gar nicht lange, da hörten einige von ihnen Stimmen und hatten Visionen.

Duncans Freunde drängten ihn zu eiliger Rückkehr, ehe sein Lebenswerk im Sumpf religiöser Phantasterei versank. Duncan kehrte zurück und brachte seine verwirrten Indianer wieder in Ordnung. Er schalt sie und sagte, sie seien nicht besser als die Medizinmänner vergangener Tage, die auch nichts Besseres konnten, als die Menschen mit Stimmen und Visionen zu verwirren.

Einer von den Indianern wagte Widerspruch: „Du irrst, Herr, wir hatten Offenbarungen."

„Offenbarungen! Unsinn!" erwiderte Duncan aufgebracht. Dann nahm er sich den jungen Geistlichen vor. „Mr. Hall, halten Sie das, was hier vorgeht, für Gottes Willen?"

Der junge Geistliche gab ohne Zögern zu: „Nein, Mr. Duncan. Es tut mir leid, es entspricht natürlich nicht Gottes Willen."

Kurze Zeit nach diesem Vorfall besuchte Bischof Bompas die Siedlung. Als er diese Geschichte hörte, mußte er einsehen, daß hier kein Platz für einen Neuling war, auch wenn er ordinierter Geistlicher war. Er berichtete nach London und verlangte, daß Duncan sein Werk unangefochten wie bisher fortführen durfte.

Reverend Hall wurde zu den Indianern nach Fort Rupert geschickt. Zwar fehlte ihm damals noch die Erfahrung, aber im Laufe der Zeit drang er immer tiefer in ihre Denkweise ein und leistete jahrelang wertvolle Arbeit in dem Missionsgebiet an der Nordwestküste — das Erlebnis in Metlakatla war so etwas wie ein heilsamer Schock gewesen.

Bischof Bompas war tatsächlich mit Instruktionen aus London gekommen, die Mission in eine Bischofskirche umzuwandeln und das heilige Abendmahl einzuführen. Aber der weise alte Bischof unterließ das, und es gelang ihm auch, die Kirche und die Missionsgesellschaft davon zu überzeugen, daß man hier nichts überstürzen und erzwingen könne, weil diese Indianer eine ganz besonders vorsichtige und sorgsame Führung brauchten. Er hielt es für verhängnisvoll, wenn man jetzt irgendwelche Neuerungen einführen wolle. In Metlakatla herrsche ein wahrhaft christlicher Geist, den er, der Bischof, unter keinen Umständen stören oder gefährden wolle.

Die Entschiedenheit, mit der Bischof Bompas sich auf Duncans Seite stellte, hielt radikale Veränderungen in der Siedlung wenigstens noch einmal zwei Jahre zurück.

Aber 1879 wurde der nördliche Teil von Britisch-Kolumbien offiziell kirchenpolitisch als „Diözese von Caledonia" gegründet. Damals wirkten in ihr nur drei einfache Geistliche und ein Laienprediger. Nun wurde Reverend Ridley zum Bischof der Diözese geweiht und Metlakatla zum Bischofssitz gewählt.

Der Bischof bot den Metlakatlanern ein höchst seltsames Bild, wie er da in seinem bischöflichen Ornat durch das Dorf paradierte und für sich den Titel und die Anrede „My Lord" forderte. Zunächst hatte er nur freundliche Worte für jeden und versicherte, er sei nicht gekommen, Mr. Duncan irgendwie in seiner Arbeit zu behindern, sondern, ganz im Gegenteil, er wolle ihn kräftig unterstützen. Da er die Sprache der Tsimshians nicht beherrschte, blieb ihm auch nicht viel anderes übrig. An Sonntagen mußte er, genau wie alle anderen Gemeindemitglieder, in der Kirchenbank sitzen und zuhören, wie die Indianer englische Hymnen in ihrer eigenen Sprache sangen. Er erkannte die vertrauten Töne der Litanei und des Vaterunsers auch in der fremden Sprache. Anschließend sang die ganze Gemeinde in der Melodie des gregorianischen Gesanges einen Psalm, den Duncan für sie übersetzt hatte.

Aber lange verhielt der Bischof sich nicht still. Bald begann er, einige Änderungen in dem sehr einfachen Ablauf des Gottesdienstes vorzuschlagen. Er wollte ein wenig mehr rituelle Feierlichkeit. Nach wenigen Monaten kam er ganz offen damit heraus, daß er es für unrecht halte, den Indianern das Abendmahl vorzuenthalten. Darüber geriet er mit Duncan in harte Auseinandersetzungen. Duncan war mit Recht der Meinung, daß er besser beurteilen könne, was den Indianern guttat und was nicht, als der Bischof oder gar irgend jemand in London, die schon gleich gar nichts von der Denkweise der Indianer wußten.

Gerade mit der Abendmahlsfrage hatte sich Duncan ja von seinen ersten Anfängen an eingehend beschäftigt. Als er von London die ersten Alarmzeichen empfing, hatte er sich gleich mit den Fortgeschrittenen in seiner Gemeinde besprochen. Genau wie er waren auch sie der Meinung, die Gefahr, daß das Sakrament in den Rang einer magischen Zauberei herabgewürdigt werden könne, sei noch viel zu groß.

In all den Jahren seiner Tätigkeit hatte Duncan diese Gedanken freimütig in seinen Berichten an die Missionsgesellschaft ausgesprochen und dargelegt, warum er das Abendmahl nicht oder noch nicht austeilen lassen wolle. Jetzt schrieb er sie noch einmal eigens für den Bischof nieder.

1. Vor nicht allzulanger Zeit waren diese Indianer noch Kannibalen. Inzwischen habe ich versucht, sie davon zu überzeugen, daß diese Riten schwere Sünden sind. Wenn man sie aber jetzt lehre, daß sie durch das Abendmahl

Teilhaber am Leib und Blut Christi werden, wie kann man da verlangen, daß sie fähig sind, den Unterschied zwischen dem Symbol und der realen Substanz zu erkennen?

2. Es besteht die Gefahr, daß sie das Sakrament als einen Zauber betrachten, der ihnen als Freipaß für den Himmel dient. Ihre früheren Vorstellungen aus dem Bereich ihrer eigenen Religion könnten diesen Glauben leicht bestärken.

3. Das britische Gesetz verbietet jedermann, den Indianern Alkohol zu verabfolgen, und der Zuwiderhandelnde wird bestraft. Beim Abendmahl aber verteile sogar die Kirche Alkohol, und das wäre dann kein Rechtsverstoß, sondern Recht. Wie sollten die Indianer das verstehen?

4. Die Indianer haben eine Leidenschaft für den Alkohol, und es besteht sehr wohl die Gefahr, daß auch der eine Schluck, der im Sakrament verabreicht wird, diese Leidenschaft anfacht.

5. Das bürgerliche Gesetz behandelt die Indianer wie Kinder. Es verbietet ihnen, Alkohol zu trinken, und bestraft sie dafür, wenn sie es tun. Und selbst die christliche Kirche denkt nicht daran, Kinder an diesem Sakrament teilnehmen zu lassen.

Der Bischof mußte einsehen, daß er gegen Duncans klare Entschiedenheit und seine Kenntnis der Sachlage zunächst nichts ausrichten konnte. Er beschloß, auf seine Zeit zu warten.

Aber sein tyrannisches Wesen provozierte auch Reverend Hall in Fort Rupert und Reverend Tomlinson in der Kincolith-Mission am Nass River. Tomlinson weigerte sich schließlich rundheraus, einen von des Bischofs Befehlen auszuführen, und fuhr statt dessen nach London und legte der Missionsgesellschaft den Sachverhalt dar.

Endlich fingen die Beamten der Missionsgesellschaft an zu begreifen, daß sie mit ihrer Drängelei eine höchst ungute Situation im Gebiet am Nordpazifik heraufbeschworen hatten. Die Dinge lagen nicht gut in der neuen Diözese.

In der Hoffnung, damit weitere Konflikte zu vermeiden, beschloß die Gesellschaft, daß der Missionsstab der Diözese jährlich einmal zu einer Konferenz zusammenkommen sollte, um dort ihre anstehenden Probleme miteinander zu besprechen. Eine kleine Gruppe traf sich 1881 das erste Mal bei einer solchen Zusammenkunft. Sie bestand aus Reverend Hall, Reverend Tomlinson, Reverend Collins, dem früheren Lehrer in Metlakatla, Bischof Ridley, William Duncan und zwei amtierenden Schulmeistern.

Nachdem die Angelegenheiten der übrigen Missionsstationen besprochen worden waren, ging man zu den besonderen Problemen Metlakatlas über. An diesem Teil der Konferenz aber nahm der Bischof nicht teil.

Duncan fühlte, daß eine Krise bevorstand. Er beschloß, der Konferenz die volle Entscheidung zu übertragen und sich ihren Entschlüssen zu beugen. Er erinnerte noch einmal daran, daß er der einzige Laie in der Versammlung sei und daß die Gesellschaft jetzt offensichtlich Geistliche als Leiter der Missionsstationen vorzöge. In Anbetracht dessen frage er die Kommission, ob sie ihm rate, seine Verbindung mit Metlakatla aufzugeben. Die Teilnehmer meinten alle, es sei das beste, die Verbindung zu lösen.

Das warf freilich ein anderes Problem auf. Nach all den Jahren, die Duncan in Metlakatla gearbeitet hatte, würde es die Indianer seltsam berühren und verwirren, wenn Duncan ohne ersichtlichen Grund von jemand anderem abgelöst würde. Wie konnte man dieser Schwierigkeit Herr werden? Duncan unterbreitete der Kommission folgenden Vorschlag und fragte sie, ob sie ihn gegebenenfalls nach London weiterleiten würde. Man solle Metlakatla völlige Unabhängigkeit gewähren, sie ihr Schicksal selber bestimmen lassen, während sie sich verpflichten würden, alle Kosten selbst zu tragen. Die Kommission war damit einverstanden. Ihr Bericht über die Zusammenkunft wurde zusammen mit dem Vorschlag, Metlakatla in eine unabhängige Mission umzuwandeln, mit dem nächsten Dampfer nach London geschickt.

Nachdem die Gesellschaft den Konferenzbericht erhalten hatte, schrieb sie an Duncan einen Brief und lud ihn ein — sie befahlen ihm nicht, zu kommen, sondern luden ihn ein —, nach London zu kommen, um den künftigen Status von Metlakatla in allen Einzelheiten mit ihnen zu besprechen.

Den Brief, datiert vom 29. September 1881, bekam Duncan in Victoria ausgehändigt, als er gerade dabei war, Maschinen für eine Lachskonservenfabrik zu kaufen. Er bestätigte umgehend die Einladung, erklärte aber, daß er zur Zeit unabkömmlich sei. Eine Reise nach England bedeute, daß die Einrichtung der wichtigen neuen Industrie um ein Jahr verschoben werden müßte. Das könne er nicht verantworten. Sobald aber die Fabrik eingerichtet und in Betrieb sei, wolle er unverzüglich mit dem nächsten Schiff nach London kommen.

Der Dampfer, der Duncan von Victoria aus mitsamt den Maschinen nach Metlakatla brachte, unterbrach dort seine Fahrt für einen ganzen Tag, damit die Maschinen ausgeladen werden konnten.

Duncan hatte noch kaum den Schlüssel in seine Haustür gesteckt, als auch schon der Bischof bei ihm erschien und ihn ohne Umschweife fragte:

„Fahren Sie nach London, um mit der Gesellschaft zu verhandeln?"

„Nicht jetzt sofort." Die Worte waren kaum ausgesprochen, da drückte ihm der Bischof einen Brief in die Hand. Der Brief kam aus London.

„An Mr. Duncan.

Lieber Bruder Duncan,

diesen Brief gaben wir dem Bischof. Er hat den Auftrag, ihn Ihnen auszuhändigen, wenn Sie es ablehnen, nach London zu kommen, um mit einem Ausschuß der Gesellschaft über die strittigen Fragen zu verhandeln, und wenn Sie sich dann weiterhin weigern, Ihren Missionsauftrag gemäß den Grundsätzen der ‚Church of England‘ zu erfüllen, denen die Gesellschaft verpflichtet ist . . .

Unter schweren Bedenken und von Sorge erfüllt, ist der Ausschuß zu dem Entschluß gekommen, daß ihm kein anderer Weg bleibt, als die Schritte einzuleiten, die Ihre Verbindung mit der Gesellschaft lösen . . .“

Der Brief war auch vom 29. September datiert, trug also das gleiche Datum wie der Brief, den Duncan in Victoria erhalten hatte. Aber dieser neue Brief war einem Schreiben an den Bischof beigefügt gewesen mit der ausdrücklichen Anweisung, ihn nur abzugeben, wenn Duncan sich weigern sollte, überhaupt nach England zu reisen — von einer Frist war keine Rede. Der Bischof hatte es aus Duncans eigenem Mund gehört, daß er sich durchaus nicht weigerte, sondern nur zum gegenwärtigen Zeitpunkt nicht fahren konnte. Aber in seiner Ungeduld, den unbequemen Duncan endlich loszuwerden, hatte er seine Befugnisse weit überschritten und ihm den schicksalsschweren Brief übergeben.

Inzwischen aber hatte die Gesellschaft bereits Duncans Brief mit der grundsätzlichen Zusage erhalten. Daß die Einrichtung der Konservenfabrik vordringlich war, sah die Gesellschaft ein und schrieb sofort an den Bischof, er solle den Brief nicht abliefern. Aber die Anweisung kam zu spät. Der Bischof hatte bereits gehandelt. Im Nachhinein war ihm vor seiner Voreiligkeit bange geworden, und er hatte sich sofort auf den Weg nach London gemacht, weil er glaubte, es sei in seinem eigenen Interesse besser, wenn er die ganze Sache persönlich zur Sprache brächte. Er war mit dem gleichen Dampfer, der Duncan nach Metlakatla gebracht hatte und der wegen des Ausladens der Maschinen einen Tag vor Anker lag, nach London geflohen.

Als die Metlakatlaner erfuhren, was gespielt wurde, beriefen sie ihren eigenen Rat ein. Es gab heftige Reden, schließlich stellte einer der Kirchenältesten die Frage: „Wollt ihr den Bischof oder Shimauget (Duncan) als euren Führer?"

„Shimauget!" dröhnte es im Saal. Man holte Duncan herbei. Einer der Ältesten trat ihm mit der Bibel in der Hand entgegen und wandte sich dann an die Versammlung: „Ich fordere euch auf, zu bestätigen, daß ihr Duncan weiterhin als euren Führer haben wollt. Alle, die das wünschen, zeigen es ihm, indem sie vortreten und ihm die Hand geben."

Jeder in der Versammlung streckte ihm die Hand entgegen und nannte dabei seinen Namen. Der Älteste wandte sich jetzt wieder Duncan zu, legte die Bibel in seine Hände und sagte:

„Im Namen der Versammelten sage ich dir: Sei weiter unser Lehrer und Pfarrer und fahre fort, uns Gottes Wort zu lehren, wie du es seit vierundzwanzig Jahren getan hast."

Das war die einzige „Ordination", die Duncan jemals empfing. Aber nun wußte er auch, daß er diese Menschen niemals verlassen durfte. Er hatte allen vergangenen Schrecken und der Verlassenheit standgehalten, hatte sich den Medizinmännern, den Häuptlingen, den Schnapshändlern, die sein Werk gefährdeten, mutig entgegengestellt.

Er war nun nicht mehr länger ein Yorkshire-Engländer. Er war einer von ihnen — ein Metlakatlaner.

XXI.

Das Einvernehmen zwischen Metlakatla und London war dahin. Die Verwaltung der Gesellschaft geriet in Aufregung. Bischof Ridleys Erklärungen waren mit Mißbehagen aufgenommen worden. Es schien so, als ob die Anstrengungen der Gesellschaft, Metlakatla in die offizielle Kirche zu integrieren, damit endeten, daß die Gesellschaft ihre spektakulärste auswärtige Missionsstation verlor. Die Metlakatlaner waren durch einstimmiges Votum zu „Duncans Indianern" geworden und nicht mehr Missionsindianer. Es gab dort keine „Seele" mehr, für deren „Heil" der Bischof verantwortlich war.

Die Gesellschaft sandte ihn zurück mit dem Auftrag, Himmel und Erde in Bewegung zu setzen, um Duncan und seine Indianer zu veranlassen, wieder in die kirchliche Gemeinschaft zurückzukehren.

Aber Duncans Antwort hieß: „Zu spät."

Er räumte das Missions- und das Schulhaus, die einzigen Gebäude, die mit finanzieller Unterstützung der Gesellschaft erbaut worden waren, und händigte dem Bischof Schlüssel und Akten aus.

Der Bischof nahm gleich Besitz davon, und es gelang ihm auch, ein paar wenige unzufriedene Häuptlinge und zwei eingeborene Lehrer auf seine Seite zu ziehen. Nach einigen Monaten gab es tatsächlich so etwas wie eine „Bischofspartei", die aus fünf oder sechs Mitgliedern bestand. Und dennoch — mit dieser winzigen Gruppe begann er, Duncans „unabhängige Mission" zu untergraben.

Es war der Anfang eines fünfjährigen intrigenreichen Kampfes, der mit einem Angriff auf die wirtschaftliche Grundlage Metlakatlas einsetzte. Die bedeutendste Geldquelle der Gemeinde war der florierende Laden. Mit finanzieller Unterstützung aus dem Missionsfonds eröffnete der Bischof ein Konkurrenzunternehmen im Missionshaus und unterbot Duncans Preise. Die Metlakatlaner weigerten sich freilich, bei ihm zu kaufen, aber auswärtige Indianer lockten die niedrigeren Preise, und so hatte der Bischof mit diesem Versuch teilweise Erfolg. Aber s o erfolgreich war er wieder nicht, daß die Metlakatlaner klein beigegeben hätten.

Da versuchte es der Bischof auf andere Weise. Er behauptete, der ursprüngliche Laden gehöre der Missionsgesellschaft. Zur Einrichtung war aber aus dem Missionsfonds nicht ein Pfennig gekommen. In all den Jahren hatte die Gesellschaft keinerlei geschäftliche Verbindung mit dem Unternehmen, sie hatte auch niemals Einblick in die Rechnungen gefordert. Die einzige geldliche Unterstützung hatte sie für den Bau des Schul- und des Missionshauses gewährt, und außerdem hatte sie Duncans kleines Gehalt als Lehrer und Missionar bezahlt — das war alles. Was Duncan über diesen Auftrag hinaus geleistet hatte, war seine eigene Sache. Er trug dafür das Risiko und die Kosten. Der Erfolg kam darum auch nur den Indianern zugute. Freilich hatte die Gesellschaft ihn bisher immer begrüßt. Die Kirche und alle anderen öffentlichen Einrichtungen waren durch die Gewinne der kleinen Industrie ermöglicht worden und durch Spenden interessierter Freunde.

Der Laden stand nun unglücklicherweise so nahe neben dem Missionshaus, daß es der Bischof leicht hatte mit seiner Behauptung, der Laden gehöre dazu. Deshalb beschlossen die Indianer in einer ihrer Ratssitzungen, den Laden abzubauen und ihn an einer anderen Stelle wieder aufzurichten.

Obwohl das alles in völliger Ordnung vor sich ging, war der Bischof so aufgebracht über das Geschehen, daß er eine Alarmnachricht über einen beginnenden Aufruhr nach Victoria sandte, worauf die erschrockenen Behörden sofort ein Kriegsschiff nach Metlakatla entsandten. Nun war freilich zur Zeit kein englisches Kriegsschiff verfügbar. Des Bischofs Nachricht hatte allerdings so gefährlich geklungen, daß die Behörde nicht zu warten wagte und die Regierung der USA bat, ihren Zollkutter „Oliver Wolcott" dorthin zu senden.

Die beiden an Bord befindlichen Beamten konnten jedoch nicht das kleinste Zeichen von Aufruhr entdecken und ließen die Sache auf sich beruhen.

Das war nur das erste Glied einer Kette von Vorkommnissen, die den Bischof jedesmal veranlaßte, ein Kriegsschiff anzufordern. Bisher waren diese Händel aber nicht weiter nach außerhalb gedrungen und von den benachbarten Indianern wahrscheinlich nicht einmal wahrgenommen worden.

Nun ging der Bischof noch einen Schritt weiter. Er behauptete, nicht nur die Gebäude des Missions- und Schulhauses gehörten der Missionsgesellschaft, sondern auch der Grund und Boden, auf dem sie standen. Und das Schlimmste war, er behauptete auch, die Regierung von Britisch-Kolumbien sei der gleichen Meinung. Das versetzte die ganze eingeborene Bevölkerung entlang der Küste in Alarmzustand. Dieser ungerechtfertigte Anspruch auf indianischen Landbesitz stand in direktem Widerspruch zu den Grundrechten, die England seinerzeit ausdrücklich anerkannt hatte, als man sich mit den Besitzverhältnissen auseinandersetzte. Es hieß: Die Indianer besitzen das Land. Es kann ihnen nur genommen werden durch kriegerische Ereignisse, in die das ganze Land verwickelt wird, sonst aber kann es nur durch Vertrag und Entschädigung in andere Hände übergehen.

Unter Lord Dufferin als Generalgouverneur von Kanada

war diese Abmachung strikt beachtet worden. Nun schien sie nicht mehr zu gelten.

Das politische Klima hatte sich immer mehr verschlechtert. Bestechliche Beamte und Landräuber manipulierten die Gesetzgebung zu ihrem Vorteil. Um 1886 erklärten die Behörden, daß die Indianer keine Rechte an dem Land besäßen, an dem Land, das sie und ihre Vorfahren längst besaßen, ehe von Weißen überhaupt nur die Rede war. Ihr Besitz sei abhängig von der Gnade und Mildtätigkeit der Krone.

Auf Grund dieses angemaßten und tatsächlich von der Regierung unterstützten Besitzanspruches entwickelte sich der Bischof nun regelrecht zum Verräter aller indianischen Interessen. Er forderte die Regierung auf, die beiden Landstücke zu vermessen und sie offiziell dem Besitz der Missionsgesellschaft zuzuschlagen.

Die Indianer waren empört, aber auch gleichzeitig verwirrt. Wem durften sie eigentlich noch glauben? Mußten sie ihr lang gehütetes Vertrauen in die Gerechtigkeit der britischen Gesetze aufgeben? Einzig und allein auf Duncans Schultern lag die Last, Ruhe und Vernunft aufrechtzuerhalten. Er versicherte den Indianern, daß die Kolonialverwaltung das niemals zulassen werde, und machte sich sofort auf nach Ottawa.

Der Minister hörte mit freundlichem Interesse zu, als Duncan die indianischen Rechte verteidigte. Er bat Duncan, einen schriftlichen Plan für die Entspannung der Gegensätze vorzulegen.

Das tat Duncan unverzüglich. Der Plan sah u. a. vor, einen Beamten für die indianischen Angelegenheiten zu bestimmen, dessen Anordnungen ihren Ausgangspunkt in Ottawa, nicht in Britisch-Kolumbien, haben sollten. Der Minister stimmte dem Vorschlag zu und versprach, ihn bei der nächsten Sitzung des Parlaments durchzubringen.

Er versprach auch, auf die Missionsgesellschaft einzuwirken, sich völlig aus Metlakatla zurückzuziehen.

„Es besteht nur eine Schwierigkeit", sagte der Minister, als sich Duncan zum Abschied erhob, „wenn wir nicht gewiß sein können, daß Sie selbst das Amt des Beauftragten übernehmen, habe ich wenig Hoffnung auf die Durchführbarkeit Ihres Vorschlages."

„Nun gut", sagte Duncan. „Um den Indianern zu helfen, bin ich damit einverstanden, das Amt für ein Jahr zu übernehmen, unter der Bedingung, dafür nicht bezahlt zu werden. Ich will unabhängig sein."

„In Ordnung", erwiderte der Minister. „Das ist abgemacht. In sechs Monaten soll Ihr Vorschlag zum Gesetz erhoben werden."

Mit diesem erfreulichen Bescheid kehrten Duncan und die indianische Delegation, die ihn begleitet hatte, nach Hause zurück. Aber so ganz überzeugt vom Erfolg war Duncan nicht, darum hielt er es für das Klügste, nach England zu fahren, ehe über seine Pläne endgültig entschieden wurde.

Metlakatla wußte er jetzt in besten Händen. Im Laufe der Zeit hatten sich Freunde und Helfer bei ihm eingefunden. Reverend Tomlinson hatte kürzlich den Dienst bei der Missionsgesellschaft gekündigt und war nach Metlakatla gekommen. Er wurde Duncans treuester Freund und Mitarbeiter. Er hatte an der Dubliner Universität studiert und war Arzt und Geistlicher gleicherweise. Dr. Bluett-Duncan, ein englischer Arzt, war auf einer Ferienreise in der Provinz hängengeblieben und hatte, von dem Experiment in Metlakatla begeistert, dort seine Dienste angeboten. Sir Henry Wellcome, ein reicher Engländer und großer Bewunderer von Duncans Arbeit, schrieb ein Buch über die Mission und veröffentlichte es auf eigene Kosten.

Auch seine Freunde in Victoria hatten ihn keineswegs

vergessen und schwiegen nicht zu den Vorgängen. Der „Victoria Daily Colonist" enthielt immer wieder empörte Briefe und Leitartikel.

In England wartete Duncan die verabredeten sechs Monate. Er hörte nichts. Er wartete noch zwei Monate, dann kehrte er nach Ottawa zurück, wo er um eine neue Unterredung mit dem Minister nachsuchte. Er wurde aber abschlägig beschieden. Er wandte sich an den Minister für Indianische Angelegenheiten, der versprach ihm, sich darum zu kümmern und ihm Antwort nach Metlakatla zu schicken. Darum fuhr Duncan dorthin zurück.

Jedoch, es geschah nichts. Inzwischen wurde es offenbar, daß in der Politik eine unverfrorene Schiebung eingetreten war — die in Ottawa gemachten Zusagen waren nichts als leere Versprechen gewesen und aus politischen Gründen nicht eingehalten worden.

Statt dessen erschien im Herbst 1886 in Metlakatla eine Abteilung von Landvermessern, die von der Regierung geschickt war. Das Land wurde vermessen mit der ganz klaren Absicht, es den Indianern zu nehmen — ohne jeden Vertrag. Die Metlakatlaner waren verzweifelt. Sie wußten, was diese Maßnahme bedeutete: den Anfang vom Ende. Die Zeit war reif, daß ihr rechtmäßiger Anspruch ein für allemal durch ein Gericht entschieden werden mußte. Sie mußten einen Testfall für das Gericht schaffen. Darum errichteten sie eilig ein kleines provisorisches Gebäude auf dem Grundstück, von dem behauptet wurde, es gehöre der Missionsgesellschaft.

Die Zeit war auch gekommen, um den Protest zu demonstrieren. Sie wurden nicht gewalttätig, aber sie verhinderten die Vermessung. Wenn irgendeiner der Geometer sein Instrument irgendwo aufpflanzte, kam ein Indianer und entfernte es ruhig. Wenn einer einen Grenzpfosten setzte, zog ihn ein Indianer wieder heraus. Wenn eine

134

Meßkette ausgelegt wurde, wurde sie stillschweigend wieder entfernt.

Die Antwort auf diesen Protest war die übliche — das Kriegsschiff „Cormorant" wurde nach Metlakatla entsandt, um die Geometer zu schützen. Sieben Tsimshians wurden verhaftet und ins Gefängnis eingeliefert.

Die Indianer entlang der Küste beobachteten die Situation in Metlakatla mit wachsender Unruhe und Erbitterung. Die Angst der weißen Siedler vor den Indianern wuchs rasch, und die Briefe und die Leitartikel in den Zeitungen wurden immer empörter.

Auch Reverend Cridge — jetzt Bischof Cridge — meldete sich zu Wort. Er schrieb am 28. Oktober 1886 im „Daily Colonist":

„ ... Die Entsendung eines zweiten Kriegsschiffes nach Metlakatla läßt mich bei Ihrer Zeitung um Raum bitten für ein paar Worte im Interesse von Gerechtigkeit und Frieden ...

Die Metlakatlaner haben keine ungesetzlichen Handlungen begangen, auch sind ihre Anstrengungen, die sie machen, um das Recht ihres angestammten Besitzes zu verteidigen, keine feindseligen Demonstrationen ...

Ein Missionshaus auf indianischem Boden zu errichten, war der Gesellschaft nur erlaubt in Anbetracht der Dienste, die sie ihren Besitzern leistete. Jetzt, wo diese Dienste nicht mehr geleistet werden, hat aber die Gesellschaft das Land noch immer in Besitz, offensichtlich, um Besitzansprüche geltend zu machen und schließlich überhaupt das Eigentumsrecht zu erlangen. Darum haben die Metlakatlaner ohne Gewalt oder Aufruhr Schritte unternommen, auf dem fraglichen Grundstück ein Haus zu errichten, um diesen Streitfall zu einem rechtmäßigen Ende zu bringen. Sie sind darauf vorbereitet, sich mit einem rechtmäßigen Urteil abzufinden, gleich, wie es ausfällt ...

Die Stämme nah und fern beobachten diesen Fall mit zunehmender Besorgnis, weil von diesem Urteil auch ihre eigenen Rechte abhängen. Sie betrachten eine gewaltsame Inbesitznahme als Vorbild für das, was ihnen selbst eines Tages geschehen wird. Es gibt höchst bedenkliche Anzeichen dafür, daß bei einem für die Indianer ungünstig lautenden Urteil Erbitterung und Empörung zu Gewalttätigkeit drängen werden. Wenn daraus dann ein Krieg entsteht, müssen die geschundenen Glieder der menschlichen Familie zwar bekämpft und besiegt werden, aber die ganze Schuld des ungerecht vergossenen Blutes fällt auf diejenigen, die die friedlichen Mittel einer gerechten gesetzlichen Regelung vermieden und statt dessen Gewalt angewendet haben.

Ihr gehorsamer Diener, Edward Cridge, Bischof R. E. C., Einwohner seit 1854.“

Die Spannung wuchs an der ganzen Küste, während man in Metlakatla auf die gerichtliche Entscheidung wartete. Seit der Streit schwelte, wurde über der Siedlung keine britische Flagge mehr aufgezogen, die seit ihrer Gründung immer geweht hatte.

Der Schrei des Donnervogels tönte wieder über dem Land. Kriegswolken hingen tief über Britisch-Kolumbien, und kein Mensch wußte, was geschehen würde...

XXII.

Duncan reiste nach Victoria, wo er den Gerichtsentscheid abwarten wollte. Hier konnte er sich die zermürbende Wartezeit doch wenigstens mit Besichtigungen und Besuchen verkürzen. Er hatte ja schon einmal in Victoria auf eine Entscheidung warten müssen, bei seiner Ankunft auf die Erlaubnis, nach Fort Simpson weiterreisen zu dürfen. Während er sich diese Zeit ins Gedächtnis zurückrief, stellte er fest, daß ihn die Jahre immer noch nicht gelehrt hatten, zu warten. Aber waren seit damals wirklich schon zwanzig Jahre vergangen?

Duncan war im Gerichtssaal anwesend, als der oberste Richter das Urteil verkündete, das dem Bischof die Grundstücke als rechtmäßigen Besitz zusprach. Nun war die schlimmste Ahnung, daß den Indianern keine Krume Land gehörte, offiziell bestätigt. Ausgenommen war nur dasjenige Land, das ihnen die englische Königin aus Gnade als Spende überlassen wollte. Duncan übermittelte den Wortlaut des Urteils unverzüglich an Reverend Tomlinson. Sofort nach dem Empfang der Nachricht berief der Eingeborenenrat eine Versammlung ein.

Duncan erfuhr von dieser entscheidenden Sitzung erst zwei Wochen später, als eine Abordnung von Metlakatlanern in Victoria ankam, um ihn zu sprechen. Inzwischen waren die Indianer durch die Ereignisse so mißtrauisch geworden, daß sie darauf bestanden, Duncan ihre wichtige Mitteilung nur an einer geheimgehaltenen Stelle anzuvertrauen. Duncan arrangierte ein Treffen mit ihnen im Haus eines guten Freundes.

Kurz zuvor suchte er den Provinzsekretär Mr. Robson auf. Er schien in der Regierung der einzige Mensch zu sein, der den Indianern wenigstens nicht völlig ablehnend gegenüberstand. Als die beiden Männer im Büro allein waren, sagte Duncan:

„Eben ist eine indianische Delegation aus dem Norden eingetroffen, um mit mir zu sprechen. Die Männer verhalten sich sehr beherrscht, aber sie wollen mir ihren Auftrag erst morgen an einem geheimgehaltenen Ort mitteilen. Ich fürchte, das bedeutet nichts Gutes. Ich komme daher zu Ihnen, um ein letztes Mal zu versuchen, daß Schritte unternommen werden, das Unheil aufzuhalten. Noch kann ich frei sprechen, denn ich weiß nicht, was man mir mitteilen wird. Aber morgen, wenn ich die Indianer gesprochen habe und ihre Entschlüsse kenne, bin ich zum Schweigen verpflichtet und kann Ihnen nichts mehr sagen. Das ergangene Urteil bietet, soweit ich sehe, den Indianern nur zwei Möglichkeiten. Entweder sie verlassen ihre Heimat und wandern nach Alaska aus. Dann wäre die Angelegenheit ausgestanden. Hören Sie morgen, ich sei nach den Vereinigten Staaten abgereist, dann ist die Entscheidung für Alaska gefallen. Bleibe ich aber hier, dann fürchte ich, sie haben die andere Möglichkeit gewählt, und die kann nur Kampf bedeuten. Dann aber gnade Gott den Weißen dieser Provinz. Die Regierung wird fünftausend Mann anfordern müssen — und sie werden alle fallen. Die Indianer werden sich an den Skeena zurückziehen, und die Soldaten, die Sie in den Kampf schicken, werden in den Canyons abgeschlachtet werden, wobei die Indianer verhältnismäßig wenig Verluste erleiden werden. Der Staatsschatz wird dabei draufgehen, die Bevölkerung ermordet und die Soldaten getötet werden. Aber wenn es ‚Kampf' heißt, bitten Sie mich nicht mehr um Vermittlung. Ich will nun nicht mehr. Ich überlasse Sie jetzt Ihrem Schicksal. Ich habe gepredigt, gewarnt und gebeten. Ich bin krank. Das Herz bricht mir über allen Ungerechtigkeiten, die Sie den unglücklichen Indianern immer und immer wieder angetan haben."

Am nächsten Tag erfuhr Duncan die Details aus der Versammlung. Als seine Nachricht eingetroffen war, waren die Ratsmitglieder völlig verzweifelt. Sie empfanden ihre Lage als hoffnungslos. Die vielen Schwierigkeiten, in die sie in den letzten Jahren gebracht worden waren, hatten ihre Geldmittel erschöpft. Das Geld, das man für die

Abordnung nach Ottawa verwendet hatte, war nutzlos vertan. Nun gab es keine Rücklagen mehr, die man etwa für eine Delegation nach England hätte verwenden können, um direkt bei der Königin Victoria Hilfe zu suchen. Und selbst wenn das Geld doch noch irgendwie aufzubringen gewesen wäre, mußten die Indianer doch fürchten, daß auch das vergeblich sein würde, weil alles, was sie anfingen, schließlich im behördlichen Papierkram steckenblieb. Kein Zweifel, wo auch immer sie ihr Recht suchen wollten, stand man ihnen mit solch niederschmetternder Abneigung gegenüber — die Politiker wie die Gerichte und auch die Kirche —, daß sie jede Hoffnung aufgegeben hatten, jemals Recht in ihrem eigenen Land zu finden.

Aus dieser Verzweiflung heraus waren einige Indianer in der Ratsversammlung für offenen Kampf eingetreten.

„Wir müssen uns ihnen noch einmal entgegenstellen. Kämpfen, töten und sterben ist besser als zulassen, daß Räuber uns das Land wegnehmen, das unseren Vorfahren gehört hat, Jahrhunderte, bevor ein weißer Mann seinen Fuß nach Britisch-Kolumbien setzte."

Sie fanden Zustimmung. Die Grenze der Geduld war erreicht. Es gab nichts, wofür es sich noch zu leben lohnte. „Geduld zu haben und diese Unterdrückung und Unduldsamkeit zu ertragen, kann nicht länger eine Tugend sein! Kämpfen ist das Gebot der Stunde!"

Aber den Kriegsrufen fehlte das zündende Feuer. Einstmals waren die Tsimshians mächtig und wagemutig gewesen, aber der Versuch, sich mit der Zivilisation anzufreunden, hatte einiges von ihrer Härte und der Fähigkeit, sich in Kriegsläuften zu behaupten, abgeschwächt. Vor zwanzig Jahren noch hätten sie jeden Eingriff in ihre Rechte mit einem schnellen, wilden Angriff beantwortet. Aber der Schrei des Donnervogels und das Dröhnen der Trommeln brachten schon längst ihr Blut nicht mehr in

Wallung. Auch die Krieger gelüstete es nicht mehr nach Blut und Kriegsbeute, schon lange nicht mehr kehrten die Helden nach ruhmreichem Kampf an die Lagerfeuer zurück, um im Tanz ihre Heldentaten mit den alten Liedern zu feiern. Das alles war nur noch Erinnerung — vorbei. Vorbei wie die mystischen Kräfte von Rabe, Adler, Wolf und Bär. Die Tapferen vergangener Tage hatten sich der Zivilisation ergeben, und gerade das war ihnen zum Verhängnis geworden. Sie waren der Gnade der Weißen ausgeliefert. Selbst die noch am stärksten vom alten Kampfgeist beseelten Indianer wußten das, und darum blieb ihr Kampfruf matt und schwach und sehr wenig überzeugend.

Die ernsthaften Christen unter ihnen hatten einen anderen Plan, der schon seit längerer Zeit zwischen ihnen besprochen wurde. Es gelang ihnen schließlich, die Kriegspartei dazu zu bewegen, wenigstens einmal zuzuhören.

„Ein Christ kann leiden. Er kann sterben, aber er kann nicht töten", sagten sie. „Laßt uns in ein freies Land gehen. Hier sind wir Sklaven. Dort können wir freie Menschen sein. Wir lieben dieses Land. Wir lieben dieses wunderschöne Stück Erde, auf dem unsere Väter lebten, auf dem unsere Kinder geboren sind — mehr noch aber lieben wir Gott. Doppeltes Unrecht schafft kein Recht. Laßt uns nach Alaska gehen, wo wir Gott so verehren und dienen können, wie wir es für recht halten. Laßt uns dorthin gehen, wo uns kein Bischof unterdrücken und quälen kann, wo, wie es Mr. Duncan uns erzählt hat, jeder seine Religion ohne Verfolgung von einer Kirche oder der Regierung ausüben kann. Laßt uns das friedliche Leben wählen! Laßt uns nach Alaska gehen!"

Es gab ein heftiges Hin und Her, doch schließlich setzte sich die Friedenspartei durch.

Nachdem die Abordnung den Bericht erstattet hatte,

140

überfielen sie Duncan aber gleich mit Fragen: Ob er wirklich glaube, daß die Regierung der Vereinigten Staaten sie in Alaska siedeln lassen werde. Würde er ihre Wünsche dort vertreten? Wollte er nach Washington reisen? Würden sie in Alaska als Bürger angesehen und ihre Rechte respektiert werden? Würde man ihnen erlauben, ihre Häuser in Metlakatla niederzulegen und ihren gesamten Besitz nach Alaska mitzunehmen? Hielt Duncan das alles wirklich für möglich?

Nach dieser Entscheidung fühlte Duncan wieder die alte Spannkraft in sich zurückkehren, und frische Zuversicht und neue Hoffnung erfüllten sein Herz. Natürlich würde er nach Washington gehen, sofort, keine Zeit wollte er verlieren.

Er machte sich nach Washington auf, geradewegs zum Präsidenten der Vereinigten Staaten von Amerika.

XXIII.

Mit seiner gewohnten Gründlichkeit hatte Duncan die Reise nach Washington vorbereitet. Vom Gouverneur von Alaska und anderen einflußreichen Leuten hatte er sich Empfehlungsschreiben besorgt. Aus Victoria nahm er noch einen eigenhändigen Brief von Bischof Cridge und anderen Freunden mit. Bischof Brooks in Boston und Bischof Henry Ward Beecher in Brooklyn öffneten ihm ihre prächtigen Kirchen, und er durfte in ihnen über das Unrecht sprechen, das den Indianern widerfahren war. Diese Bischöfe richteten einstimmig von ihren Gemeinden gebilligte Gesuche an die Regierung, den Indianern in Alaska Zuflucht zu gewähren. Die Briefe und diese Bittschriften führten Duncan genau dahin, wohin er wollte: zu Präsident Cleveland.

Am 6. Januar 1887 gab ihm der Präsident Gelegenheit, vor dem Ausschuß der Bevollmächtigten für Indianische Angelegenheiten zu sprechen. Gewandt und überzeugend legte Duncan die Wünsche und Hoffnungen seiner geliebten Indianer dar. In den folgenden Sitzungen hatten die Beamten Gelegenheit, Duncan genau über die Probleme der Indianer in Metlakatla zu befragen. Es dauerte nicht lange, da versicherte man ihm, daß die Indianer in Alaska willkommen seien und sich im südöstlichen Teil des Landes eine neue Heimat wählen dürften.

Im Augenblick war es zwar nicht möglich, offiziell etwas zu beschließen. Man mußte fürchten, das würde den Amerikanern von Großbritannien als unfreundlicher Akt gegen das Dominion von Kanada ausgelegt werden. Die Behörden versprachen jedoch, daß der Kongreß zu gelegener Zeit die Rechte der Indianer bestätigen werde. Dieses Versprechen wurde durch Kongreßbeschluß vom 3. 3. 1891 eingelöst.

Duncan übermittelte diese guten Nachrichten an Reverend Tomlinson und Dr. Bluett-Duncan in Metlakatla. Er schlug vor, daß eine Gruppe von Indianern sofort aufbrechen sollte, um verschiedene Plätze auf ihre Eignung für eine neue Siedlung zu prüfen.

Fünf Indianer unter Führung von Dr. Bluett-Duncan machten sich auf den Weg. Sie fuhren bei Dixon Entrance in die offene See, überquerten die Grenze zwischen Britisch-Kolumbien und Alaska, wandten sich nordwärts in die Clarence-Straße und weiter in die Nichols-Passage. Etwa siebzig Meilen von der alten Siedlung Metlakatla entfernt kamen sie zu einer schönen Bucht auf der nordwestlichen Seite der Annette-Insel. Sie umfuhren die Inselspitze, und plötzlich hielten alle sechs Paddler mit

Paddeln inne und betrachteten schweigend die vor ihnen ausgebreitete Szenerie.

Eine seltsam geformte kleine Insel lag wie ein Schiff vor Anker vor der Einfahrt in die Bucht. Ein anmutiger Bogen von dunklem Land säumte das Wasser. Der sanft ansteigende Wald verlor sich allmählich in einem fast purpurn schimmernden Bergzug, der sich 2 500 Meter über die See erhob. Selbst aus ihrer Entfernung konnten sie das Brausen eines Wasserfalls hören, der sich, ihren Blicken verborgen, zu Tal stürzte. Um die scharfen, schneebedeckten Bergzacken wehten Wolkenfahnen.

In stiller Freude über die Schönheit, die sich vor ihnen ausbreitete, trieben die Suchenden in der Strömung. Plötzlich erklang eine mächtige Stimme; anschwellend und über das Land rollend, erfüllte sie die Luft mit einem großartigen tiefen Trompetenton. Es war die machtvolle Stimme des Trompeterschwans, der in einem See in einem der Bergtäler des purpurnen Berges lebte. Ein gutes Omen an einem herrlichen Tag! Als die mächtige Stimme verklungen war, sagte einer der Indianer: „Es ist nicht notwendig, weiterzusuchen ... Etwas Besseres und Schöneres können wir nicht finden, und wenn wir noch tausend Meilen weit fahren."

Seine Gefährten waren der gleichen Meinung. So wurde am 25. März 1887 die Annette-Insel im südöstlichen Alaska als neue Heimat der Metlakatlaner gewählt.

Die Kundschafter kehrten eilig nach Hause zurück, um ihre Entdeckung in glühenden Farben zu schildern: die ausgezeichnete Landestelle für die Kanus, die Wälder, die das notwendige Holz liefern konnten, der Süßwasserfluß und der Wasserfall, den man zur Gewinnung von Wasserkraft ausnutzen konnte, und dazu die friedliche Schönheit der Landschaft. Ihre Wahl wurde von der Ratsversammlung gutgeheißen und angenommen.

Duncan, der sich noch in den Staaten aufhielt, wurde verständigt, und eine Gruppe von Indianern machte sich auf nach der Annette-Insel, um dort Notunterkünfte zu bauen, während der überwiegende Teil der Bewohner noch in Metlakatla blieb, um die übliche Fischfangsaison wahrzunehmen und Wintervorräte zu sammeln. Im August machte sich ein weiterer Teil reisefertig. Noch etwas später erschien auch Duncan. Er wurde von einigen amerikanischen Freunden begleitet, die eine nagelneue amerikanische Fahne mitbrachten. Ein provisorischer Flaggenmast wurde errichtet, die Fahne hochgezogen, und von diesem Tag an wehten die „Stars and Stripes" über der Insel.

Duncan überwachte das Ausladen einer vollständigen Dampfsägemühle, deren Teile er in Portland im Staate Oregon besorgt hatte. Die vielen Maschinenteile ließ er zunächst in sein kleines Blockhaus bringen, das man eigens für ihn gebaut hatte. Aber die Teile nahmen so viel Platz ein, daß er selber in einem Zelt kampieren mußte, bis die Sägemühle aufgestellt war.

George Usher, einer der Kirchenältesten, wurde nach Metlakatla geschickt, um zu melden, daß Duncan in der neuen Heimat eingetroffen und sie geweiht habe. Während der Fahrt komponierte er ein Lied für sein Volk. Anstatt bei der Ankunft sein Boot gleich zu landen, hielt er nach Indianersitte ein Stück vor der Küste und erhob sich in seinem Boot. Als das Volk ihn stehen sah, sammelten sich viele Menschen am Ufer, und er begann seinen Gesang in der Sprache der Tsimshians:

> „Der große Häuptling ist zu uns gekommen.
> Er ist in die neue Heimat gegangen.
> Nun sendet er mich zu euch.
> Er bittet: Kommt! Kommt alle!
> Wir sollen nicht länger Sklaven sein!

Das Land der Freiheit erwartet uns,
die Flagge der Bostoner weht
über dem Land von Neu-Metlakatla.
Sie wird uns beschützen und unsere Freiheit,
damit wir Gott in Frieden dienen.
Sicher ist nun das Glück unsrer Kinder.
In einem großen Volk werden sie Freie sein.
Kommt! Kommt alle!
Sammelt die Kinder um euch,
stoßt ab das Kanu vom Strand!
Guter Wind füll euch die Segel!
Eilt! Eilt in das Land der Freiheit!"

Der letzte Ton des Liedes war kaum verklungen, da füllten sich zehn Kanus mit Menschen, die nun endlich ihre neue Heimat mit eigenen Augen sehen wollten.

In Neu-Metlakatla wurden unterdessen immer mehr neue Hütten gebaut, damit die Pioniere nun auch ihre Familien und ihren Besitz holen konnten.

Duncan hatte vorsichtshalber bei dem Schatzamt der Vereinigten Staaten angefragt, ob die Indianer ihren Besitz zollfrei einführen dürften. Das war ihnen genehmigt worden. Aus diesem Grunde lag ein Dampfer bereit, der beladen werden sollte. Aber es kam nicht dazu. Im letzten Augenblick traf sie noch einmal eine Ungerechtigkeit. Sie durften weder die Fenster und Türen ihrer Häuser noch die Maschinen aus der Sägemühle, die sie doch von ihrem eigenen Geld gekauft hatten, nicht einmal die Orgel in der Kirche, für die jeder Indianer zwei Dollar fünfzig bezahlt hatte, mitnehmen. Trotz dieses schweren Verlustes drehten 832 Indianer ihre Kanus in Richtung Norden und segelten — nun eben mit leeren Händen — in das fremde neue Land. Stärker als die Bindung an das Land ihrer Väter und Vorfahren war ihre große Hoffnung auf eine bessere Zukunft in Alaska.

XXIV.

Im ersten Jahr in Neu-Metlakatla wurde Duncan fünf-
undfünfzig Jahre alt, aber er wirkte viel jünger. Mehr
noch als seine Begeisterungsfähigkeit und der Glanz seiner blauen Augen trug etwas anderes zu diesem Eindruck
bei. Es lag in seiner Persönlichkeit und war schwer deut-
bar. Es mochte das Resultat der vielen Jahre sein, die er
in der Wildnis verbracht hatte, in denen er gelernt hatte,
die dunklen Regenwälder ebenso leise zu durchstreifen
wie seine indianischen Gefährten und in denen der enge
Kontakt mit einer unberührten Natur ihn in besonderer
Weise geformt hatte.

Bald nachdem sich die neuen Siedler in Alaska eingefunden hatten, versammelte Duncan alle Männer, um
sie dem erwählten Land gegenüber zu verpflichten. Um
ihren Meister geschart, schworen alle die dunkeläugigen
Männer, ob alt oder jung, den Vereinigten Staaten die
Treue. Es war kein gesetzlicher Vorgang, denn noch waren sie keine amerikanischen Bürger, aber die Wirkung
auf die Indianer war die gleiche. Duncan wollte sie unverzüglich mit einem Schwur an das neue Land binden.

Andererseits wollte er vermeiden, daß sich jemand nur
deshalb an die neue Siedlung gebunden fühlte, weil er
sich dort ein teures Haus gebaut hatte. Darum blieben
auch für die ersten zwei Jahre die provisorischen Hütten
stehen, die zwischen Bäumen und Baumstümpfen errichtet
worden waren. Da der dichte Wald sich bis zur Bucht er-
streckte, mußte das Land ohnehin erst gerodet und urbar
gemacht werden, ehe überhaupt daran zu denken war, ein
regelrechtes Dorf anzulegen. Außerdem kam es den Indianern auch zunächst darauf an, erst einmal die öffentlichen Gebäude zu erstellen: eine Dampfsägemühle und

146

einen Dorfladen und einen großen Holzschuppen, der zugleich Kirche und Schule sein mußte.

Es war eine harte Arbeit, ein Dorf auf grüner Wurzel in der unberührten Natur der Annette-Insel zu gründen, und Duncans schier unerschöpflicher Einfallsreichtum wurde in den ersten Jahren in Alaska bis an die Grenze beansprucht. Aber er sah Erfolge — es ging stetig aufwärts bis zu dem Tag, an dem die Sägemühle Feuer fing. Ein heftiger Nordwind ohne Regen hatte wochenlang geweht, und alles war zundertrocken. Es war unmöglich, das Feuer unter Kontrolle zu bringen. Die Sägemühle und das zugeschnittene Holz brannten zu Asche.

Die Indianer waren praktisch ohne Geld nach Alaska gekommen, darum brachte sie dieser Brand in ernstliche finanzielle Schwierigkeiten.

Duncan mußte wieder Hilfe schaffen. Er nahm das nächste Postschiff nach Oregon. Dort gelang es ihm, auf langfristige Ratenzahlungen Maschinen für eine neue Sägemühle zu erwerben. Als die vielen Freunde der Mission von dem Brand hörten, kamen sie mit stattlichen Geldgeschenken zu Hilfe, und der Aufbau konnte fortgesetzt werden.

Auch eine Lachskonservenfabrik war eingerichtet worden, aber es fehlte das nötige Kapital, um sie rentabel zu machen. Duncan überdachte alles sorgfältig und entschloß sich dann, noch einmal seine Freunde um Hilfe zu bitten. Er gründete eine Gesellschaft, die „Metlakatla Industrial Company". Er bat seine Freunde, Anteile an dieser Gesellschaft zu erwerben. Sie willigten ein, selbst unter den harten Bedingungen, die Duncan stellen mußte. Wenn das Unternehmen Erfolg haben würde, sollten die Aktionäre ihr Geld mit Zinsen zurückbekommen, wenn nicht, wäre das Geld verloren und weder Duncan noch die Indianer verpflichtet, es zurückzuzahlen.

Im zeitigen Frühjahr, noch ehe der Lachsfang begann, machten indianische Arbeiter Konservendosen und hölzerne Kisten. Im Sommer, während der Fangzeit, wurde der Lachs, sowie er gebracht wurde, verarbeitet, zerschnitten, gesäubert und in die Dosen geschichtet. In diesen Tagen gab es für jedermann, der überhaupt arbeiten wollte, Arbeit in der Fabrik. Die Frauen packten den Fisch von Hand in die Dosen, ihre geschickten, empfindsamen Finger sonderten sorgfältig jedes Stück Lachs aus, das nicht einwandfrei war. Die Mädchen trockneten die Dosen ab, und die Jungen stapelten sie auf. Wenn die Deckel verlötet waren, wurden die Dosen in großen Kesseln gekocht. Danach wurde in jede Konservendose ein Loch gebohrt, damit die Luft entweichen konnte, das wieder verlötet wurde. Danach wurden die Konserven ein zweites Mal gekocht. Nach genauer Prüfung, ob auch alle Dosen richtig verschlossen waren, wurden sie beiseite geräumt, um nach beendeter Fangzeit noch einmal kontrolliert zu werden. Waren sie einwandfrei, wurden sie lakkiert, etikettiert und in den Handel gebracht. Unter Duncans ständiger Aufsicht gewöhnten sich die Arbeiter an äußerste Sauberkeit an sich selbst und bei ihren Gerätschaften.

Gegen Ende der Saison neigt der Lachs dazu, schlaff im Fleisch zu werden. Sobald Duncan merkte, daß der Fisch seine erstklassige Qualität verlor, schloß er den Betrieb, und kein Fisch durfte mehr verarbeitet werden. Die neue Konservenfabrik war ein Erfolg — die Arbeiter wurden anständig für ihre Arbeit bezahlt, und die Aktionäre bekamen ihr Geld mit Zinsen wieder.

Alle Industriezweige blühten: die Sägemühle und der Holzhandel und auch der Laden. Gelegentlich kam so viel Geld ein, daß Duncan eine Kapitalrücklage einrichten konnte, um die finanzielle Zukunft zu sichern.

Im Laufe der Zeit hatten die privaten Bauten eine ganz bestimmte architektonische Form gefunden, eine meist quadratische, zweistöckige Bauweise der Häuser mit weit überdachter Vorhalle. Ein etwas seltsam anmutendes Bauwerk mit zwölf Giebeln diente zuerst als Kirche, später wurde es Rathaus. Die ungewöhnliche achteckige Konstruktion mancher Gebäude wurde gewählt, um den wilden Stürmen, die winters über die Insel fegten, besser Widerstand leisten zu können. Mit Schnee war kaum zu rechnen, weil der warme Japanstrom nahe der Küste vorbeifloß; nur die höchsten Berggipfel trugen eine Schneekappe, die Temperatur in der Ebene sank fast nie unter den Gefrierpunkt.

An ihrem stattlichsten Gebäude, der Kirche, bauten die Indianer mehrere Jahre. Sie wurde am Weihnachtstag 1896 geweiht. Die Dorfbewohner sammelten sich in dem mit duftendem Zedernholz ausgeschlagenen Heiligtum und stimmten mit ihren kräftigen, schönen Stimmen ein Loblied an. Harmonische Klänge, Gesang, Orgelspiel und Glockenläuten wurden vom Wind übers Land getragen und mischten sich mit dem geheimnisvollen Rauschen von Wald und Meer. — Für dieses musikalische Volk war die Stimme des Trompeterschwans wirklich ein glückliches Omen gewesen.

Diese größte Kirche in ganz Alaska wurde im ganzen Land bekannt als „Mr. Duncans Westminsterabtei". Ihre hohen weißen Zwillingstürme hoben sich großartig von dem dramatischen Hintergrund des Purpurberges ab. Ihr wahrer Name, der zugleich ein Bekenntnis war, lautete aber ganz schlicht: „Die christliche Kirche von Metlakatla" — das heißt, sie war an kein bestimmtes Bekenntnis gebunden.

Nun war auch die Zeit gekommen, da Duncan meinte, das Verständnis der Indianer für die wahren Glaubensinhalte sei genügend stark entwickelt, daß er ihnen das Abendmahl austeilen wollte. Auch dabei vermied er alle komplizierten Formen, es war ein gemeinschaftlicher Gottesdienst, in dem dreimal im Jahr das Abendmahl gespendet wurde. „Wir sind ganz einfach Christen in Metlakatla, sonst nichts. Gottes Wort hat uns zusammengeführt und nicht in Parteien aufgespalten. Wir lieben alle Menschen als unsere Brüder." So etwa lautete ihr Bekenntnis.

Mit den Jahren verließ Duncan seine Insel immer seltener. Als Lektor wäre er in den Staaten höchst willkommen gewesen, aber er fand zu Hause immer etwas zu tun, was ihm wichtiger schien. Lehrer und Ärzte kamen und gingen. Sie verpflichteten sich, ein oder zwei Jahre in ihrem Beruf für die Mission zu arbeiten. Das war eine große Hilfe; trotzdem wurde Duncan immer noch als letzte Instanz für alles und jedes in Anspruch genommen. Auch benachbarte Stämme kamen mit ihren Streitigkeiten zu Duncan, weil sie wußten, daß sie durch ihn gerecht und fair beigelegt wurden. Zwischen den Metlakatlanern gab es selten Streit, nur manchmal flackerte die Erinnerung an die alte Potlatch-Übung wieder auf, und Duncan mußte diese Auseinandersetzungen über Soll und Haben klären, die ja komplizierter geworden waren als ehedem.

Manchmal freilich dachte er schon daran, eine Reise über den Ozean zu machen, wenn die Fischfangzeit vorüber war. Wenn er im Frühsommer ging, hätte er vor Weihnachten nicht wieder zurück in Metlakatla sein können — aber das Weihnachtsfest bei „seinen" Indianern, mit der großen Freude und der schönen Musik, das mochte er nicht versäumen.

Im Umsehen war dann die neue Fischfangsaison wieder da, im Mittsommer kamen Freunde, die ihn besuchen wollten — es blieb eigentlich nie Zeit, in der er hätte verreisen können.

150

Die Musik stand weiterhin hoch im Kurs auf der Insel, und sie wurde in vielerlei Arten ausgeübt. Es gab eine Blaskapelle, die Konzerte in vielen Städten an der Pazifikküste gab. Trotzdem gab es auch daheim noch Musik genug: eine Streicherkapelle, ein Orchester, eine Mädchengruppe, die Zobo spielte, und viele Sänger. Zur Feier von Duncans fünfzigjährigem Jubiläum seiner Ankunft in Fort Simpson beteiligte sich fast jeder an den musikalischen Darbietungen ihm zu Ehren.

Duncan war nun fünfundsiebzig Jahre alt. Haare und Bart waren schneeweiß, aber das waren eigentlich auch die einzigen sichtbaren Zeichen seines Alters, denn seine aufrechte Haltung, seine gesunden Farben, seine Lebhaftigkeit stachen noch manchen viel Jüngeren aus. Zum Geburtstag schenkten ihm die Indianer einen ledernen Armstuhl. Viele Reden wurden auf ihn gehalten. Es gab manche unter ihnen, die ihm schon in Fort Simpson begegnet waren. Bei der Dankesrede gedachte Duncan besonders derjenigen, die das neue Metlakatla nicht mehr hatten erleben dürfen, wie Paul Legaic und sein erster Freund und Dolmetscher Clah.

Da die Indianer seine Freude an der Musik kannten, hatte der Chor eine besondere Fassung von Händels „Messias" für ihn einstudiert. Während er den rauschenden Klängen lauschte, erinnerte er sich an frühere Zeiten, als ein junger Mann einfache Tonfolgen auf dem Akkordeon spielte, die von den primitiven Rhythmen der Rasseln und Trommeln begleitet wurden. Welch ein gewaltiger Unterschied!

Nur ein Schatten trübte Duncans Dankbarkeit in diesem Erinnerungsjahr: Die Tsimshians waren immer noch keine amerikanischen Staatsbürger. Freilich waren sie weit besser dran als die übrigen Eingeborenen in Alaska, das wußte er gut, aber die Staatsbürgerschaft erschien ihm als die Bürgschaft für die vollständige Anerkennung seiner Schützlinge. Um die Jahrhundertwende waren im Zuge der Jagd nach Gold immer mehr Weiße in Alaska eingewandert, und die Eingeborenen, die Indianer wie die Eskimos, begannen immer mehr ihre Herrschaft über ihr schwer zugängliches Land zu verlieren.

Die Indianer der Nordwestküste hatten in ihren Lebensbedingungen im wesentlichen vom Meer abgehangen. Nur an der Küste konnten sie ihre Lebensweise aufrechterhalten, und das bedeutete, sie mußten entweder für den weißen Mann arbeiten, oder sie mußten als unabhängige Fischer mit ihm in Wettbewerb treten. Beides war keine günstige Lebensbasis. Die alten indianischen Sitten und Gewohnheiten schwanden dahin. Der Indianer versuchte, den weißen Mann und dessen Lebensstil zu kopieren. Aber dieser Versuch führte zu keinem Erfolg. Ihnen fehlten die Erfahrung und eine verständnisvolle Hilfe bei dem Versuch, den Übergang der alten in eine moderne Lebensform befriedigend zu vollziehen.

Das hatte Duncan von Anfang an gefürchtet. Auch die alten Tsimshians-Häuptlinge hatten das Scheitern und den Untergang ihres Volkes vorausgeahnt. Tatsächlich gingen die Bevölkerungszahlen bei den Küstenindianern erschreckend zurück.

Die Eingeborenen in Alaska forderten dringend Schulen. Sie warteten geduldig auf Schutz und Erziehung, wodurch dieser Mißstand beseitigt worden und ihnen die Chance geboten worden wäre, langsam und sicher in eine zivilisierte Welt hineinzuwachsen. Mancher überzeugte Alaskaner sprach für die Eingeborenen, aber die behördliche Hilfe kam nur sehr zögernd in Gang. Bis 1912 hatte Alaska keinen offiziellen Territorialstatus, und das engte den Spielraum ihres Handelns sehr ein, die Beamten hatten wenig Entscheidungsfreiheit. Die Herrschaft lag vielmehr bei mächtigen ausländischen Gesellschaften, die die Ausbeutung der reichen Bergbau- und Fischereiindustrie finanzierten. Genau wie die alten Händler hatten sie nur ihren Profit im Sinn, der sich aus dem reichen Land ziehen ließ. Die Wohlfahrt der Menschen war ihnen gleichgültig. Gegen diesen Einfluß war die Handvoll Beamter in Alaska machtlos, denn da sie in Washington nicht offiziell vertreten waren, verhallten ihre Plädoyers für die Eingeborenen ungehört. Symbol für die traurige Lage waren die umgestürzten Totempfähle, die an der ganzen südöstlichen Küste von Alaska verrotteten.

Nur in Metlakatla gab es etwas von Wert, was an die Stelle der einst so mächtigen Kräfte von Rabe, Adler, Wolf und Bär getreten war. So wie es Duncan vor vielen Jahren erhofft und erbeten hatte, als er den Nass River heruntergefahren war, hatten die Metlakatlaner unzerstörbare Werte gewonnen, die imstande waren, sie auch über schwere Krisen hinwegzutragen.

Mancher Besucher fragte den alten Mann: „Haben Sie sich denn schon einen Nachfolger herangezogen?"

Aber Duncan, der in allen praktischen Dingen so weitschauend und fürsorglich war, unternahm in dieser Beziehung gar nichts. Auf die Fragen der Besucher schüttelte er den Kopf und zeigte höchstens gen Himmel. Er war völlig überzeugt, daß seine Indianer ihre Zukunft selber in die Hand nehmen konnten, denn wenn er davon nicht überzeugt gewesen wäre, was hätte es dann genutzt, daß er sein Leben unter ihnen verbracht hatte? Diese Zukunftssorge war nicht die seine. Es war genug, jetzt, in jedem Augenblick jeden Tages, die Schönheit dieser Insellandschaft in sich aufzunehmen, die Freude über die strahlende Blütenpracht des Sommers mit Freunden und Besuchern zu teilen, der prächtigen Musik zu lauschen, die in der Kirche und an vielen anderen Stellen erklang, die fröhlichen Kinder zu beobachten, deren Gesichter mit den dunklen Augen genau so aussahen wie die der Kinder vor langer Zeit.

Wie rasch die Jahreszeiten kamen und gingen — wie schnell den Herbstnebeln die Winterwinde folgten, auf deren Heulen er an seinem gemütlichen Feuerplatz gelassen horchte. Er saß zwischen seinen Bücherstapeln und den vielen Briefen und war zufrieden. Die Einsamkeit störte ihn nicht, er war sie gewöhnt, und wenn die vielfältigen Erinnerungen an seinem Geist vorüberzogen, dann wußte er, daß er sein Leben mit keinem anderen Menschen hätte tauschen wollen.

1918 starb er friedlich in seinem Haus. Die Indianer errichteten zu seinem Gedächtnis ein Denkmal. Es zeigt eine Hand, die eine Fackel hält. Sie wählten dieses Symbol, weil, wie sie sagten, „er uns das Licht gebracht hat".

Duncans gute Saat ging auf.

Im Gefolge des Unglücks von Pearl Harbour kam die amerikanische Luftwaffe auch auf die Annette-Insel. Bis zu dem Zeitpunkt hatte es keinen Flugplatz in diesem Teil Alaskas gegeben. Außer mit kleinen Wasserflugzeugen, die an der Küste entlangflogen, hatte der Verkehr nur per Schiff stattgefunden. Es war eine richtige Entdeckung, die die Luftwaffe machte, als sie Metlakatla kennenlernte, das nur wenige Meilen von ihrem Stützpunkt entfernt lag. Es war ein lebhaftes, eigenständiges Gemeinwesen, das äußerst reizvoll anzusehen war mit seinen fröhlich bemalten Häusern und seinen Wegen und Straßen, die seit Jahren mit Holz gedeckt waren. Eine hochmoderne Lachskonservenfabrik war voll im Gange, ein Wasserkraftwerk versorgte die Bewohner kostenlos mit Wasser und Strom, die emsige Sägemühle ratterte immer noch, und die schneeweiße Kirche leuchtete ins Land hinaus.

154

Als Alaska 1958 endlich ein Staat wurde, konnten die Behörden auch voll verantwortlich und energisch für die Belange der Eingeborenen eintreten, und das bringt nun wohl eine neue, bessere Zeit für Alaskas Ureinwohner mit sich.

Auf Einladung des „Federal Indian Bureau" treffen sich Stammesführer aus allen Staaten zu einer Konferenz über indianische Angelegenheiten im Weißen Haus, um neue Gesetzesvorschläge auszuarbeiten, die dann im Kongreß in endgültige Form gefaßt und beschlossen werden.

Der Kongreß von 1967 beschloß, daß die neue nationale indianische Politik fortgeführt werden soll bis „zu dem Tag, an dem die Nation ihre moralischen und gesetzlichen Verpflichtungen gegen ihre ersten Bürger — die amerikanischen Indianer und die Eingeborenen von Alaska — eingelöst hat".

Auf die Zeit gesehen, sprechen jetzt beide Stimmen, die des weißen Mannes und die des Indianers, auf der gleichen Seite des Flusses, und beide sind imstande, einander über dem Rauschen des Wassers zu hören und zu verstehen.

Theodore Taylor

Hilfe!

Eine Robinsonade

Philipps Mutter mochte die Schwarzen nicht. „Sie sind nicht
wie wir", sagte sie. „Sie sind anders, und sie leben anders."
Philipp hatte ihr nie geglaubt, aber jetzt . . .

Timothy i s t anders. Er ist riesig und sehr alt, und Philipp
findet ihn häßlich. Timothy ißt rohen Fisch und glaubt an
Geister. Und er ist der eigensinnigste Mann, den Philipp je
kennengelernt hat.

Aber nachdem die Deutschen den Frachter, auf dem seine
Mutter und er von Curaçao nach den USA reisten, torpe-
diert haben, wird Philipp von dem alten Westinder abhängig. Nur sie zwei haben sich auf eine kleine karibische
Insel retten können, und Philipp ist infolge eines Schlages
auf den Kopf erblindet.

Während des dramatischen Überlebenskampfes versucht
Philipp, mit seiner Blindheit fertig zu werden und den
würdevollen alten Mann, der sein Gefährte geworden ist,
zu verstehen.